SHOJI SADAOKA

KAZUNORI
SHINOZUKA

KAZUHISA KAWAGUCHI

HIROMI
MAKIHARA

記念すべき『昭和ドロップ！』第１回、2020年10月５日号「原巨人はなぜ強いのか！」の３ショット。「野球は教えられても巨人は簡単には教えられない」という定岡正二さんの名言が生まれた（左から篠塚和典さん、定岡さん、川口和久さん。言葉についてはHero Interviewを参照）

COVER COLLECTION

表紙になった『昭和ドロップ！』

『昭和ドロップ！』のメンバー、定岡正二さん、篠塚和典さん、川口和久さん、槙原寛己さんは、現役時代、何度となく『週刊ベースボール』（小社刊）の表紙に登場いただいた人気者だ。せっかくのカラーページ。本編の前ではあるが、その紹介と、いきなりのおまけトークを掲載する。

3

1

4

2

――皆さんが現役時代、『週べ』や『ベースボールアルバム』（選手1人を扱ったもの）の表紙となったものを持ってきましたので、ご覧ください。

川口 すごいな、サダさんの表紙、こんなにあるんだ！ どうしてですか？ 野球人生は短いのに。

定岡 うるさいよ！ でも、シノもマキもたくさんあるな。

――3人はたくさんあり過ぎて、全部選んだわけじゃありません。

槙原 表紙のデザインも昭和ですね。

定岡 あれ、グッチ（川口さん）は……。

――いろいろ探しましたが、1枚だけでした（⑭）。昔の『週べ』は、かなり巨人寄りだったので。

川口 俺がオチか（笑）。でも、サダさん、すごくいいフォーム

9

7

5

週刊ベースボール
3.12
230円
古葉広島監督
10年目の非常事態

10

8

6

ですね。

定岡　年々、フォームを少しずつ変えていたんだけど、比べて見ると分かるね。懐かしいな。あれ、グッチ、俺ってカメラ目線より自然な感じのほうがよくない？

川口　（無視して）シノさん、この守備はカッコいいですね⑧。

篠塚　いいでしょ。危険スライディングが禁止されたこともあるけど、飛んで投げる選手はいなくなったからね。

槙原　あれ、こっちのシノさん、パンチパーマですよ！⑦

定岡　あのころはみんなそうだったんだ。俺もやってたことがあったしね。でも、俺の顔、あまり今と変わってないな……。あっ、グッチ、笑ってるな！確かに昔は白髪なんてなかったけどね。

槙原　サダさん、この表紙に

15

13

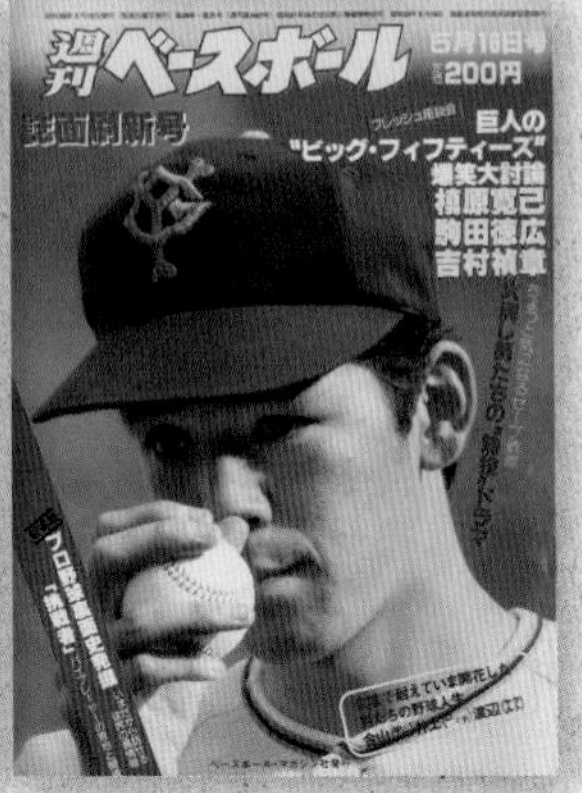

11

16

14

12

17

「アメリカ行きの真相はこうだ!!」とありますよ（⑥）。これは引退したあとのドジャース行きの前ですね。

定岡　そうそう。なんかうれしいな。もらって帰ってもいいですか。

――もちろんです！

定岡　よし、部屋に飾ろう！　もうきょうのギャラはいりません！

川口　じゃあ、サダさんの分は俺に振り込んでください。

定岡　バカヤロー！

オヤGたちの爆笑深掘りTALK!

昭和ドロップ!

Showa Drop!

あのころのプロ野球は
なぜあんなにも
熱かったのだろう。

定岡正二
篠塚和典
川口和久
槙原寛己

ベースボール・マガジン社

CONTENTS

※今回の書籍は、オリジナル取材と『週刊ベースボール』の連載『昭和ドロップ！』（2020-2022年）からセレクトした再録をミックスしたものです。ご本人たちに追加取材をし、再録分も大幅に再編集していますので、本誌ですでにお読みの方も、また楽しんでいただけると思います。ちなみに表紙文字の『オヤG』はオヤジとG＝ジャイアンツを合わせた、まさにオヤジギャグです。（編集部）

「昭和にウエルカム！」

定岡正二

こんにちは！　ジャイアンツOBの定岡正二です。2020年から『週刊ベースボール』で連載している『昭和ドロップ！』が、このたび書籍になりました！　皆さん、拍手をお願いします！　パチパチパチ。いやあ、めでたい、めでたい。

何を隠そう、タイトルの『昭和ドロップ！』を考えたのは僕です。1回目の取材の際、編集部がまだタイトルを決めていないと聞き、「みんなで考えましょうよ！」と提案しましたが、すぐ川口が『サダ坊と愉快な仲間たち』『おじさん酒場サダ』『球界のならず者、サダ軍団が斬る！』と、訳の分からないものを出してきた。「このままだと、とんでもないタイトルになりかねないぞ！」と僕が預かることにしました。丸1日、悩み抜いて決めたのが、『昭和ドロップ！』です。編集部からも、すぐ「いいですね！」と返事をもらいました。

絶対に入れたいと思ったのが、『昭和』の二文字です。年号は平成から令和になっていますが、僕らの中には、昭和の強烈な記憶が色濃くあります。昭和生まれ、昭和育ちの野球人ですからね。最初は『昭和の言霊（ことだま）』とも思ったんですけど、ちょっと堅苦しいのと、カタカナが入ったほうがインパクトがあると思い、『ドロップ！』をつけました。縦にぐっと落ちる大きなカーブを意味する昔の野球用語ですが、どんどん話題を深掘りするイメージと、昭和プロレスの必殺技『バックドロップ』、懐かしのお菓子『サクマ式ドロップス』にも通じ、昭和らしさにつながるんじゃないかと思いました。

当初は僕と篠塚和典、川口和久の3人でやっていて、2021年から、後輩・槙原寛己が加わりました。ベーマガさんの予算の都合で〝3人まで縛り〟

があったので（編集部注・ノーコメントです）、全員で一緒にやったことは一度もなかったのですが、先日、書籍用取材ということで初めてフルメンバーでやってみました。僕らの共通点はジャイアンツOBであることです。川口は広島からの移籍組ですが、少年時代からの巨人ファンで、みんなジャイアンツが大好きなのも同じです。それぞれ性格は違いますが、だからこそ、僕一人で物語を紡ぐより、みんなで織り上げ、より美しく、幅広いものが生まれるのではと思っています。

う〜ん、僕、すごくきれいな表現してませんか！かなりいいこと言っていますよね……って、こういうこと言うから、いつまでも軽いと思われちゃうのかな（笑）。本当の僕はマジメで硬派なんですけどね。あ、これはジョークじゃないですよ！

毎回、テーマだけもらい、それについて好きなように話しています。ついつい、あちこちに話が飛びまくり、それを拾い集めてまとめてくれる編集部には感謝しかありません。ついでに、いつも、すきやき定食ごちそうさまです！

過去の掲載を再編集し、書籍用をプラスすると聞いています。どれもかなり脱線しちゃっていますが、昭和の野球界をリアルに楽しんでいた人には懐かしさを、まったく知らないという若い人たちには新鮮な話がたくさんあると思います。

時々脱線する川口と、隙あらば笑顔で毒を吐くマキはしっかり監視し、寸止めにさせています。昭和生まれの人だけではなく、平成生まれ、さらには令和生まれの子どもさん、大正生まれの杉下茂さん（元中日ほか。巨人の投手コーチもしていた。大正14年生まれ、御年97歳です）のような大先輩も安心してお読みください。

みんな昭和にウエルカムです！

（２０２３年3月。本人談）

MEMBER LIST

＼われら／

昭和ドロップ！

野球界

・好きな言葉

人生に無駄はないレ

・昭和と言って思いつくこと

三角ベース

MEMBER
01

定岡正二
［サダさん］

定岡正二

さだおか・しょうじ●1956年11月29日生まれ。鹿児島県出身。右投右打。身長184㎝、体重74kg（現役時代）。鹿児島実高３年時、夏の甲子園にエースとして出場し、甘いマスクもあって人気者となった。ドラフト１位で75年に巨人入団。しばらく二軍生活が続いたが、80年に先発定着し、江川卓、西本聖と先発三本柱と言われ、優勝、日本一イヤーの81年11勝、82年には15勝を挙げた。85年オフ、近鉄へのトレードを拒否し、引退。スポーツキャスター、タレントに転身した。通算成績215試合登板、51勝42敗３セーブ、防御率3.83

MEMBER
02

篠塚和典
［シノ］

・好きな言葉

一生百錬

・昭和と言って思いつくこと

長嶋茂雄

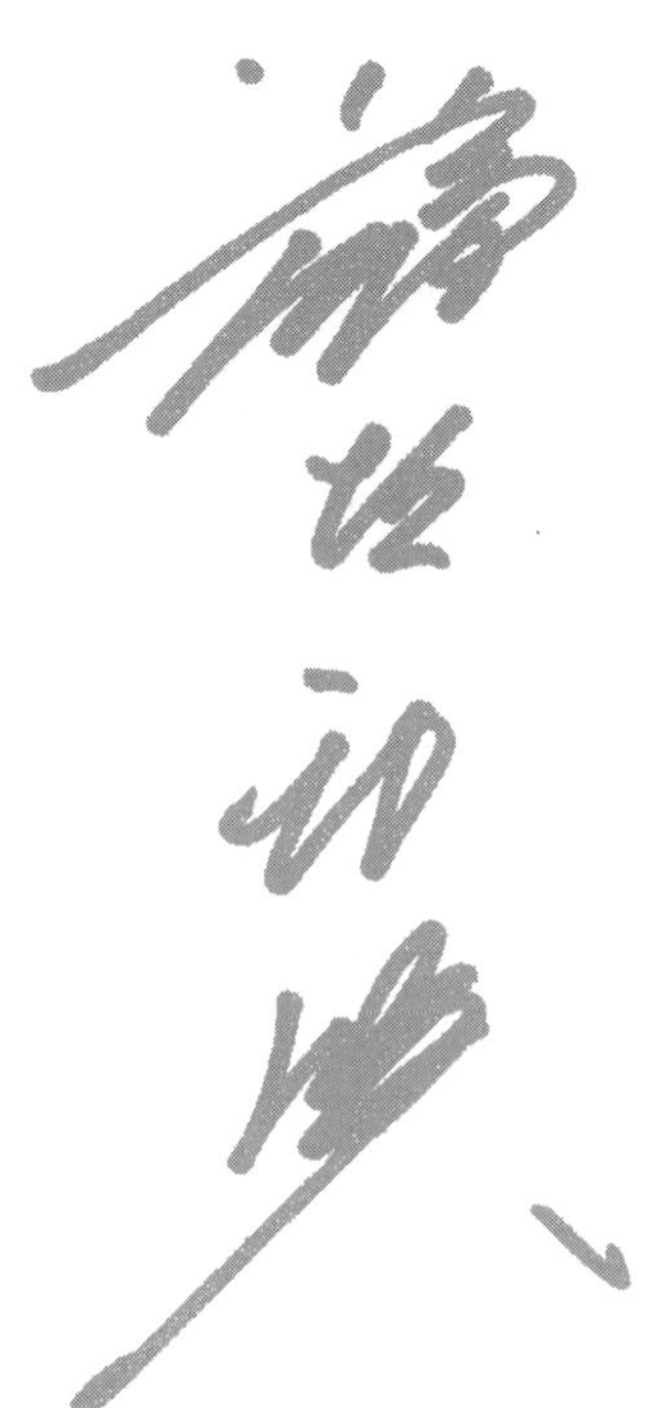

しのづか・かずのり●1957年７月16日生まれ。千葉県出身。右投左打。身長176㎝、体重68㎏（現役時代）。銚子商高２年時の74年春夏連続甲子園出場、夏は全国制覇。ドラフト１位で76年に巨人へ入団した。５年目の80年に二塁の定位置を確保すると、翌81年には打率.357の大活躍でリーグ優勝、日本一に貢献。その後も巧みなバットコントロールから広角に打ち分けてヒットを量産。84年と87年には首位打者に輝いている。華麗な二塁守備の評価も高かった。94年限りで現役引退。92年途中までの登録名は篠塚利夫。通算成績1651試合、1696安打、92本塁打、628打点、55盗塁、打率.304

MEMBER
03

川口和久
［カワ、グッチ］

・好きな言葉

初心

・昭和と言って思いつくこと

気合・根性

かわぐち・かずひさ●1959年７月８日生まれ。鳥取県出身。左投両打。身長183㎝、75kg（現役時代）。鳥取城北高からデュプロを経てドラフト１位で81年に広島入団。３年目の83年に15勝、リーグ３位の防御率2.92。84年から10年連続で規定投球回に到達、86年からは６年連続で２ケタ勝利を挙げ、80年代の広島投手王国をけん引。11年連続で100奪三振以上を記録し、リーグ最多奪三振３回も、最多四球は６回を数えた。95年にＦＡで巨人へ移籍し、98年限りで現役引退。通算成績435試合登板、139勝135敗４セーブ、防御率3.38

MEMBER
04

槙原寛己
［マキ］

・好きな言葉

自然体

・昭和と言って思いつくこと

まあ、まあ、まあ、まあ。

まきはら・ひろみ●1963年８月11日生まれ。愛知県出身。右投右打。身長187cm、体重94kg（現役時代）。大府高からドラフト１位で82年に巨人入団。２年目の83年に12勝で新人王に輝いた。86年には魔球とも言われた高速スライダーをマスター。安定感を増し、翌87年から３年連続２ケタ勝利、88年にはリーグ最多の187奪三振。斎藤雅樹、桑田真澄との先発三本柱で一時代を築く。92年からは４年連続２ケタ勝利を挙げ、94年には完全試合を達成した。2001年限りで現役引退。通算成績463試合登板、159勝128敗56セーブ、防御率3.19

1st

THE 1ST INNING

夢の
ベストナインを
語ろう！

2023年1月某日、書籍取材用に4人に集まっていただいた。
『昭和ドロップ!』は、これまでメンバーの中から
3人か2人でやっており、実は4人は初めて。
最初のテーマは『夢のベストナイン』。
さて、どんな話になることやら……。

「王貞治さんのファースト、
長嶋茂雄さんのサードは無条件でしょ。
このテーマは、すぐ終わっちゃう
かもしれないですよ」（槙原）

場所は、都内のとある和食屋さん――。『昭和ドロップ！』でいつも使っているお店で、今では皆さんと「あそこで×日に」で通じてしまう。

今回は昼12時半集合の約束。編集部は30分前に到着したが、部屋にはすでに槙原寛己さんの姿があった。

「お待たせして、すみません！」

「いえ、ジャイアンツ時間ですから大丈夫です」

ジャイアンツ時間――。約束の時間には必ず余裕を持って到着するという、巨人軍の伝統だ。

1990年代に遅刻魔？　松井秀喜（元巨人―ヤンキースほか）によって消滅したとも言われるが、メンバー最年少・槙原さんは、いつも30分前には来てくれる。

12時15分、続いて川口さんが登場。

「おお、マキ、久しぶり」

「きょうは鳥取からですか。大変ですね」

「うん。雪がひどくて飛行機が飛ばないかと思ったよ。毎日、雪かきで体が痛いんだ」

川口さんは今、故郷の鳥取に戻り、野球評論家と稲作農家の二刀流で奮闘している。取材は2023年1月某日、前日まで日本海側は大雪だった。

12時25分、定岡さん到着。

「サダさん、あけましておめでとうございます！」

「あれ、マキは今年初めてだったっけ？」

「はい」

「きょうもバイクですか」

「おお、グッチ（川口さん）、久しぶり……じゃないな。先週ゴルフやったもんね。お前、鳥取に移住したはずなのに結構、東京にいるよな」

「こっちにも家がありますからね」

「きょうは寒いから車だよ。あとはシノか。一番近いくせにいつもぎりぎりなんだよな」

12時30分ジャスト。

「うっす」

とシノさん登場。いつものように、ゴルフの話から始まる。せっかく川口さんが上京したからと、定岡さん、篠塚さん、川口さんで翌日にゴルフの予定があるようだ（せっかくと言いつつ、すでに年明け2回目らしいが）。

何も言わないうちに、槙原さんがすきやき定食を人数分注文してくれる。すべては『昭和ドロップ！』の日常だ。

では、ゆる〜く宣言させていただきましょう。

「書籍版『昭和ドロップ！』、プレーボール！」

「勝った人がすごい。球が速いと言っても、結果が出なきゃ仕方ないですからね」（**槙原**）

定岡　僕らの話を書籍にしたい……、いや、していただけるということですよね。

——『週べ』の好評連載なので、1冊にまとめちゃうのも面白いかなと思いまして。皆さんの若手時代の写真を使ってカラーページもつくってみるつもりです。ちなみに表紙は定岡さんのピンです（と表紙予定のPDFを見せる）。

川口　おお、サダさん、カッコいいですね！

定岡　いいな、これ。売りましょう！　バンバン、売りましょうよ！　まずは、マキのYouTube（『ミスターパーフェクト槙原』）で宣伝してよ。チャンネル登録者数が400万人近いんでしょ。

槙原　チャンネル登録者数は17万2000人です（2023年1月時点）。400万近く行ったのは視聴回数で、新庄剛志（日本ハム監督）が出てくれたときですね。

定岡　どっちにしてもすごいじゃん！

篠塚　だったら、4人で出ようよ。

定岡　いいね！　マキのだったら出るよ。あちこちから出てくれと言われるけど、マキと石橋貴明君（親交のあるタレント）のＹｏｕＴｕｂｅ（『貴ちゃんねるず』）にしか出てないんだ。

槙原　でも、川口さんが鳥取ですからね……。

篠塚　みんなで鳥取に行けばいいよ。マキが飛行機代、出してさ（笑）。

川口　鳥取砂丘でやれば話題になりますね。取材のあとはゴルフを予約しとこうか。

槙原　3人分はきついっスよ（笑）。

――すみません。せっかくの話なんで、うちが旅費を持てたらいいんですが、ちょっと……。

川口　大丈夫、大丈夫。『昭和ドロップ！』の予算のなさは分かってるから（笑）。3人でしっかり宣伝してください！（その後、3人で収録。槙原さんのＹｏｕＴｕｂｅでご覧ください！）

定岡　夢は大きく、「目指せ10万部！」にしておきましょう！　でも、ほんとは大変なんでしょ。最近、本が売れなくなったという話はよく聞きますからね。

川口　いいじゃないですか。やってみなきゃ成功も失敗もないんですから。

定岡　お前、鳥取に行ったらマジメなこと言うようになったな（笑）。

――われわれも頑張って宣伝します！　では、まず書籍巻頭用として、皆さんに歴代の夢のベストナインを選んでいただきたいのですが。

槙原　2カ所はもう決まってるじゃないですか。王貞治さんのファースト、長嶋茂雄さんのサードは無条件でしょ。このテーマは、すぐ終わっちゃうかもしれないですよ。

定岡　意地の悪いこと言うなよ！　目標10万部だぜ！　そのためには、どんなテーマでも広げていくのが、俺たちの仕事だよ！　でも、確かに2人は外せないな……。ＯＮ抜きでやりましょうか。

――ひとまず込みでやりましょう。皆さんの自薦もありです。

槙原　いやいや、僕は自薦なんてまったく無理ですけど、シノさんは当選確実じゃないですか。セカンドはシノさんしか浮かばないですよ。

篠塚　そんなことないだろ。

槙原　ほかにいないでしょ。土井正三さん（巨人Ｖ９時代のセカンド）とか、そこまでさかのぼると、あまり記憶がないですしね。

篠塚　千葉茂さん（猛牛と呼ばれた巨人の伝説のプレーヤー。１９３８年巨人入団）もいるぞ。

槙原　千葉さんの現役時代は生まれる前です。

定岡　僕も、千葉さんは、おじいちゃんのイメージしかないな。でもさ、昔の選手って映像もほとんど残ってないのに、すごい、すごいという話だけは聞いているよね。ピッチャーの球速だって、１５０キロのマシンが出たとき、みんなで「速いな！」と言っていたら、青田昇さん（元巨人ほか）が「いやいや、沢村栄治さん（元巨人。プロ野球草創期の伝説の大エース）はもっと速い。１６０キロ以上は出てたぞ！」って。こっちは「へえ、すごいですね」と言うしかないよね。

槙原　スピードガンが出だしてから、ずっとそんな話がありますよね。最初は、「スピードガンはなかったけど、あの選手は１５０キロ以上出ていたぞ」と言っていたのが、１５５キロ以上、１６０キロ以上とか、どんどん数字がアップしていきました。最近は「１７０キロ近かった！」になっていますからね。

川口　金田正一さん（元国鉄―巨人）が亡くなったとき、張本勲さん（元東映ほか）が言ってたね。

定岡　それもロマンがあっていいよね。

川口　いいピッチャーって何？　という定義にも

なってきますよね。総合力か、球が速いか、大魔神・佐々木主浩（元横浜ほか）のフォークみたいに変化球がすごいのか。どこを焦点にするかで、また違ってきます。

槙原　僕は、やっぱり勝った人がすごいと思います。ピッチャーは、いくら球が速いとか変化球がすごいと言っても、継続して結果が出なきゃ仕方ないですからね。勝利数で考えると、通算４００勝の金田さんしかいないんじゃないですか。現役時代は見てませんけど、日本で一番勝った人ですし、もう誰も抜けないでしょう。

定岡　へえ、マキは意外と先輩をリスペクトしているんだな。

槙原　意外とじゃないですよ。僕は常に先人をリスペクトしています。

——今回はいつになくマジメな滑り出しですね。

定岡　まだウォーミングアップ中です！　これから〝10万部の黄金トーク〟になりますから！

篠塚　ウケばかり狙っても滑るだけですよ、いつもみたいに（笑）。

川口　もともと俺もサダさんも立ち上がりが悪かったですもんね。

定岡　おいおい、２人とも勘弁してくれよ！　でもね、野球に関してはふざけられないんですよ。大好きなものだから。

槙原　サダさんの投手部門は堀内恒夫さん（元巨人）に決まってますよね。

定岡　なんでお前が決めるんだよ！

槙原　大丈夫です。もう怒られないですよ。ホリさんも、だいぶ角が取れてますから（笑）。

定岡　意味深な言い方するなって！　マキはそうやって、すぐふざけようとするからな。先人と言うなら、先輩の俺もリスペクトしてくれよ！　でも、ホリさんはＶ９のエースで２００勝（通算

203勝）もされた素晴らしいピッチャーだけど、1位かと言われると考えちゃうな。

槙原 そんなこと言うと、また怒られますよ。

定岡 だから、うるさいって！

篠塚 サダさん、同じこと繰り返してないで、早く決めてくださいよ。

定岡 ゴメン！ じゃあ、僕は大谷翔平（エンゼルス）にする！ WBCもあるし、一番旬でしょ（まだ4人は日本が世界一になるということを知らない）。

槙原 あれ？ 大谷ありですか。巨人だけのベストナインだと思っていた。

篠塚 俺も。

——いえ、全体です。現役、OBも制限なしです。

槙原 壮大な企画だったんですね。それでも僕はシノさんを歴代最高のセカンドに選びますよ！

篠塚 いいよ、変えても（クールに）。

「江川さんがプロより高校時代のほうが速かったっていうのはほんとかな」（川口）

定岡 僕らなりの基準でいいんですよね。あまり昔の選手になると分からないので。

——もちろんです。

篠塚 俺は江川卓さん（元巨人）にする。

槙原 江川さんも旬ですよね。僕もやってますけど、最近、プロ野球OBが次々とYouTubeを始めているじゃないですか。その中で、いろいろな人が江川さんがいかにすごかったかの話をしているんですよ。この2、3年で江川さんの評価が一段と上がっている気がします。

川口 今はG+やYouTubeで江川さんの全盛期のピッチングを見ることができるしね。特に1981年（巨人の日本一イヤーで、江川さんはシーズンMVP）は、映像のスピードガンの表示は140キロ台だけど、とてもそうは思えない。確かに代名詞の手抜きっぽい球はあるにせよ(笑)、ここぞのときは150キロ台後半は間違いないと思う。何より球質だね。ボールが浮かび上がるように見える。でも、プロより、高校時代(作新学院高)のほうが速かったっていう伝説はほんとかな。

槙原　そう言っている人は多いですよね。甲子園で対戦した達川光男さん(広島商高―東洋大―広島)も絶賛していました。すごかったらしいです。

篠塚　僕も銚子商高時代に対戦しているけど、速かったよ。初対決はヒットだったけどね(篠塚さんが2学年下)。

定岡　さすがシノだ!　オリックスの話をしていたら、ラオウ(オリックスの杉本裕太郎)を青学大時代に教えたとか、村田兆治さん(元ロッテ)が亡くなったら、最後の野球教室を一緒にやっていたとか、どんな話題を振っても、必ず接点があるんだよな。

川口　プロでは打席に立ったことがありますし、確かに江川さんはすごいと思ったけど、それより西本聖さん(元巨人ほか)のシュートがえげつなかった。頭のところから、大きなカーブみたいにストライクゾーンに入ってきましたからね(西本さんは右腕、川口さんは左打席)。シュートってこんなに曲がるの! っていうくらいでした。俺は西本さんにしよう! 江川さん、西本さんはプロ入り前からあこがれの存在でしたしね。

定岡　俺が目の前にいるのに、江川選手、西本の話ばかりだな!

川口　サダさんも2人と同じ巨人を支えた先発三本柱ですもんね。でも、サダさんがすごかったのはスライダーだけじゃないですか(笑)。

定岡　おいおい、お前ももう少し先輩をリスペクトしろって！

篠塚　いいんじゃないですか。それが『昭和ドロップ！』だし（笑）。

定岡　じゃあ、打席に立って一番「うわあ！」って思ったピッチャーは誰だった？

槙原　「うわあ！」がなんだか分かりませんが（笑）、僕はいないですね。だって、ピッチャー相手に、みんな真剣に投げてこないから。

定岡　そりゃ、お前が打てないからだよ。俺には内角の厳しいとこにもちゃんと投げてきたよ。

槙原　サダさんと僕じゃ、そんなに打率は変わらないんじゃないですか。

——通算打率を見ると、定岡さんが・149、槙原さんが・107、川口さんが・161です。

定岡　ほら！　同じ1割台でも結構違うぞ。でもグッチが一番か。ちょっと悔しいな。

川口　打つのも好きでしたからね。3割近く打った年もありましたよ（1994年・293）。

定岡　また自慢入れてきたな（笑）。

「中井さんのけん制の話はジャイアンツの伝説です」（槙原）

川口　体感と言うなら、シノさん、俺と同学年の小松辰雄（元中日。1978年入団）の若手時代の球はどうでしたか。彼は150キロ超えをバンバン出して、球場に設置され始めた〝スピードガンの申し子〟と言われてましたよね。

篠塚　速かったよ。ドラゴンズだと与田剛（1990年の新人王）も速かったな。

川口　俺の後輩で、カープの津田恒実はどうでしたか（炎のストッパーと呼ばれた剛腕）。巨人相手だと球速がアップしていた気がします。

篠塚　彼も速かったね。ケンカ腰で投げてきたし、いいピッチャーだったな。

槙原　速さで言えば、阪神の藤川球児もいます。分かっていても打てないストレートでした。

篠塚　打席からじゃないけど、俺が一番速いと思ったのは山口高志さん（元阪急。1975年の新人王で同年阪急初の日本一に貢献）かな。

槙原　僕も映像で見ただけですが、山口さんは確かに速かったです。小さい体（身長170センチ）を目いっぱい使って投げていましたね。

川口　あの当時のストライクゾーンって、かなり高かったじゃないですか。胸のあたりまでストライクで、ヒザあたりは全部ボール。山口さんは高めのボールに威力があって、みんな顔のあたりのボール球でも手を出してましたよね。

定岡　1975年の日本シリーズは、山口さんと広島の外木場義郎さんの投げ合いがすごかった。

川口　外木場さんも速かったですね。あの当時のテレビ中継って、バックネット側のカメラで撮っていたからよく見えなかったけど、それでも外木場さんのボールはホップしている感じがあった。

定岡　外木場さんは鹿児島の先輩だけど、僕の一番の印象は風貌なんだ。もみ上げがすごくて、山賊みたいだなと思っていた。

篠塚　山賊に会ったことあるんですか。

定岡　あるわけないだろ！

川口　カープの先輩で、俺に初めてゴルフを教えてくれた人でもあります。

定岡　シノ、大投手の江夏豊さん（元阪神ほか）は速かった？　対戦あるでしょ。

篠塚　僕が対戦したときは広島時代と日本ハム時代で、全盛期じゃなかった。「うまいな」とは思ったけど、「速いな」はなかったですよ。

川口　同じ速いと言っても球質はみんな違いますよね。

篠塚　そうだね。小松だったら、低めで落ちるんじゃないかなっていう軌道から、落ちずにズーンと来る。

定岡　マキの若手時代も速かったよ。球はドン！って感じで、バッターはすごく重く感じたんじゃないかな。

川口　俺はマキにバントしかしなかったんですよ。真っすぐもスライダーも打てっこないから。でも、広島時代、しょっちゅう対戦したよな。

槙原　そうでしたね。川口さんは巨人に強かったし、うちは（右のサイドスローの）斎藤雅樹が左打者の多かったカープにあまり投げなかったんで、自然と僕の登板が増えた。1対0みたいな試合ばっかりでしたよね。でも、途中から同じ左腕だけど、大野豊さんに変わり、今度は大野さんばっかりになりました。

定岡　大野さんのカーブって、すごく曲がってなかった？

槙原　大野さんは僕に力を入れて投げてこなかったんで分かりません。左腕のカーブの曲がりなら、ヤクルトの梶間健一さんじゃないですか。梶間さんのカーブはすごく曲がっていた。しかも、足がすごくでかく見えるんですよね。

定岡　足を大きく上げて、しかもステップした足をかかとから着くんだよね。

篠塚　意識してかどうか知らんけど、あの足が気になって仕方なかったね。腕を見てるつもりが、いつの間にか足を見ているんだ。

川口　ヤクルトの左腕だと、球は速くないけど、ボンボン投げてくる安田猛さんもいましたよね。『がんばれ!!タブチくん!!』（西武時代の田淵幸一さんをモデルにした人気漫画）でおなじみの。

槙原　左腕でテンポがいいとなると、僕はテレビで見ていただけですが、中日の松本幸行さん（1974年Vイヤーの最多勝）は早かったです。

川口　俺のデュプロ（社会人時代）の先輩ね。俺もテレビで見ていた世代だけど、あの人が投げると、試合時間がすごく短い。2時間切ったこともあったんじゃなかったかな。

定岡　松本さんは、キャッチャーが投げた球を捕ったらすぐ投げるんだ。サイン見てるのかなって思うくらい。

川口　キャッチャーの返球のほうが松本さんの真っすぐより速いって言われてましたよね（笑）。

篠塚　松本さんと言えば、中井康之さん（元巨人。投手として1973年にドラフト1位で入団し、外野手に転向）でしょ（笑）。

槙原　あの、けん制の話ですか。ジャイアンツの伝説ですよね。

川口　何それ？

篠塚　代走で一塁に行くとき、コーチの国松彰さんから「あいつはけん制がうまいから、ベースから離れるな。盗塁はいらんから、リードするより戻ることを意識しておけ！」って言われ、中井さんは「はい、分かりました！」って元気よく行ったのに、一発で、けん制アウト（笑）。

定岡　うん、松本さんの1球目でね。

篠塚　しかも、ベンチに帰ったら開口一番、「あのピッチャー、けん制うまいですね！」って言って、国松さんに怒られた、怒られた（笑）。

定岡　元気に代走に出ていったと思ったら、すぐまたアウトになって元気に帰ってくる。ベンチはみんな大笑いだったよね。

槙原　ダチョウ倶楽部の「押すなよ、押すなよ！」じゃないけど、お約束どおりの展開ですね（笑）。中井さんは早くに亡くなられましたが（2014年死去。享年60歳）、『昭和ドロップ！』にゲストで来てほしかったな。

――中井さんの話は結構出てきましたから、この

あとの再録でもちょこちょこ登場すると思います。読者の皆さん、探してみてください。
川口 『ウォーリーをさがせ！』（大ヒットした絵本）みたいだね（笑）。

［投手］
定岡　大谷翔平
篠塚　江川　卓
川口　西本　聖
槙原　金田正一

「野村さんを出したらほかはいないよね。ONみたいなもんだからな」（定岡）

――次はキャッチャーにいきましょうか。
定岡 キャッチャーねえ、誰かな……。
篠塚 サダさん、パッパいきましょう！
定岡 簡単に言うなよ！　俺は今、10万部の重圧でイップスになりそうなんだ。
川口 あしたもパターが入らなそうだな（笑）。
――売れるか売れないかは神のみぞ知るです。
定岡 そうは言っても、せっかくならたくさんの人に「へえ、面白いな」と思ってほしいじゃないですか。それが部数につながるだろうし。
川口 マジメだな、サダさんは。
篠塚 それがサダさんのいいところだよ。もう少し決断が早いとゴルフのスコアもよくなるんだけどね（笑）。
定岡 おいおい（笑）。まったくシノは優しいんだか、厳しいんだか……。
川口 肩だけだったら、小林誠司（巨人）ですよ。巨人のコーチ時代、ピッチャー交代のときマウンドに立っていたら、小林のセカンドへの送球が頭に当たりそうになった。めっちゃ速い。

定岡　肩だけで小林を歴代ベストキャッチャーにするわけにはいかんだろ。

川口　顔も誠司かな。サダさんには負けるけど。

定岡　だから、俺に振るなって！

川口　やっぱり俺は誠司しかいない……いや、うそです。達川さんしかいません。お世話になったし、あの人、意外とこういう本を読むから、選ばないと絶対怒られます。

定岡　達川さんはいいキャッチャーだったけど、はっきり言って、うるさかった（笑）。打席に入ると、ずっと話しかけてくる。僕はピッチャーだから、ほっといてくれてもいいのにね。

川口　ヤクルト時代の大杉勝男さん（豪傑として知られた強打者）が、達川さんの頭を殴ったことがあるらしいですよ。大杉さんの打席で、緊張したピッチャーをリラックスさせようと「バッター石ころよ！」って言って怒らせたみたいですね。大杉さんはその打席でホームランを打ったんですが、ホームベースを踏んだあと、「タツ、誰が石ころだ！」って頭をゴンと（笑）。

定岡　分かるな、その気持ち（笑）。

槙原　僕は古田敦也（元ヤクルト）かな。対戦していて嫌だった。バッターもそう言ってましたが、腹の中を読まれているみたいでしたね。

定岡　森祇晶さん（元巨人。現役時代は昌彦）、西武の伊東勤、平成なら城島健司（元ダイエーほか）、阿部慎之助（元巨人）もいるな。

川口　城島、阿部はバッティングがよかったから、総合力で上位に来ますね。

篠塚　でもさ、みんな誰か忘れてない？

槙原　山倉和博さん（元巨人）ですか。

定岡　あっ、野村克也さん（元南海ほか）か！（2人ほぼ同時に）。野村さんを出したらほかはいないよね。ONみたいなもんだからな。

槙原　サダさん、山倉さんはいいんですか！

定岡　だから変な突っ込みはやめなさいって！　山倉さんも素晴らしいキャッチャーだったよ。俺はずっと受けてもらったけど、投げやすかったし、バッティングも勝負強かった。

川口　意外性の男と言われ、ＭＶＰにもなりましたしね（１９８７年）。

槙原　僕も野村さんにします。三冠王も獲ったし、その後の監督時代の功績も含めれば外しちゃいかんでしょう。

篠塚　同感。これも全員一致だね。

川口　いやいや、俺は達川さんです。達川さん、川口は野村さんより達川さんを選びましたよ！　この本、絶対、達川さんに渡してね（笑）。

［捕手］

定岡　**野村克也**

篠塚　**野村克也**

川口　**達川光男**

槙原　**野村克也**

――では、ファーストですが……。

槙原　ファーストはもういいじゃないですか、王さんしかいないし。

――とは言え、いい選手が多いですよ。打撃の神様・川上哲治さん（元巨人）、三冠王でも、王さん以外にブーマー（元阪急ほか）、バース（元阪神）、落合博満さん（元ロッテほか）、松中信彦（元ソフトバンク）といます。

定岡　それでも問題なく王さんでしょ。

篠塚　世界の王さんだからね。これはもう動かせないよね。

川口　異議なしです。

［一塁手］

定岡 王　貞治

篠塚 王　貞治

川口 王　貞治

槙原 王　貞治

「俺は落合さん。そう言ってくれるなら、カッコ篠塚と入れておいて」（篠塚）

槙原 じゃあ、セカンドも問題なくシノさんで。

定岡 うん、僕らが選ぶなら、ほかにいない。

篠塚 いや、落合さんでしょ。

川口 落合さんってセカンドだったんですか。俺はファーストかサードの印象しかないけど。

篠塚 ロッテ時代ね。サードは有藤通世さんがいたからセカンドをしていた。

川口 一、三塁はＯＮだし、史上唯一の三冠王3回の選手をどこかに入れないとまずいかな。

篠塚 うん、総合的には落合さんだよ。

槙原 いやいや、さっきも言ったけど、シノさんを入れないわけにはいかないでしょ……という僕のこの言葉は編集でカットせず必ず入れといてくださいよ（笑）。実際、僕はシノさんの守備に何度も助けられました。あんなうまいセカンドいませんよ。地味な印象があったセカンド守備を変えた先駆けですしね。

定岡 しかも、ショートから始めて、一度は原辰徳（現巨人監督）に取られそうなところから、あそこまで行ったんですよ、シノは……って、僕が力説することじゃないか（笑）。

槙原 バッティングだって首位打者2回でしょ。腰痛がなかったら、間違いなく２０００安打も行ってたと思いますしね。

篠塚 たらればを言っても仕方ない（クールに）。

川口　ほかは中日の高木守道さん、西武の辻発彦さんもうまかった。
定岡　現役ではカープの菊池涼介はうまいよな。あの守備範囲の広さはすごいと思うよ。
川口　すごく後ろに守ってますよね。そこで捕っても間に合う肩の強さと、俊敏性があってこそだと思います。でも、シノさんには勝てないでしょ。
――では、セカンドは満場一致でシノさんということでいいですか。
篠塚　俺は落合さん。みんな俺と言ってくれるなら、カッコ篠塚と入れておいて（クールに）。

［二塁手］
定岡　篠塚和典
篠塚　落合博満
川口　篠塚和典
槙原　篠塚和典

「ミスターしかいない。あれほどお客さんを楽しませた選手はいない」（篠塚）

――サードは、長嶋茂雄さん（元巨人）ですか。
篠塚　逆に聞きたいけど、ほかに誰がいるの？
川口　もう満場一致でしょう。
槙原　いや、原さんじゃないですか。
定岡　マキ、巨人のコーチになったらよろしく頼むよ（笑）。
槙原　サダさんと僕は絶対なれません（笑）。
定岡　一緒にするなって！　まあ、実際、僕はなれないだろうけど、マキは分からないし、一度はなってほしいな。
槙原　サードは中畑清さん（元巨人）もいますし、チームの看板選手がいっぱいいますよね。
篠塚　阪神には千葉の先輩の掛布雅之さんもいる。華のある選手が多いな。

定岡　広島の衣笠祥雄さんもそう。確かに華やかだね。現役ならヤクルトの村上宗隆もいるし。

——数あるスーパースターの中で「長嶋さんしかいない」理由を熱く語っていただけますか。

篠塚　熱く言わなくても、ファンが分かっていることだからね。成績もそうだし、あれほどお客さんを楽しませた選手はいないと思いますよ。

川口　ホットコーナー＝長嶋茂雄ですからね。

槙原　個人の成績に加え、巨人V9の不動のレギュラーだから、もうノー文句でしょ。

川口　フライは捕らなかったらしいですけど。

篠塚　「クロちゃん、任せたよ〜」って（笑）。

川口　若い読者の皆さん、クロちゃんはスキンヘッドのコメディアンじゃないですよ（笑。黒江透修。巨人V9時代のショート）。

槙原　僕も、もちろん長嶋さんとは思いますが、サダさん、シノさんには申し訳ないけど、全盛期の長嶋さんの記憶があまりないんですよ。引退の1974年が11歳でしたからね。

定岡　それを言うなら、僕も子どものころは長嶋さんの出ている試合をほとんど見てなかったよ。プロ野球中継自体、ほとんど見てなかったからね。

川口　テレビがなかったんですよね。

定岡　違うって！　あれ？　このボケとツッコミ、前もあったな。

——このあと再録編で出てきます。読者の皆さん、〝ウォーリー〟中井さんと同じく、それもお楽しみに（笑）。

定岡　ただ、伝説の物語の主人公というかな。すごい選手というのは分かっていた。僕らの子ども時代はみんな「長嶋さんと同じサードを守りたい」だったからね。野球をやる子どもたちに「三番・サードをやりたい！」っていうDNAを入れたのが、長嶋さん。サードを聖域にしちゃったね。

［三塁手］
定岡　長嶋茂雄
篠塚　長嶋茂雄
川口　長嶋茂雄
槙原　長嶋茂雄

「河埜さんは、ビールを飲んでるイメージしかないんだ（笑）」（定岡）

――ショートは誰でしょう？　皆さんの大先輩・廣岡達朗さん（元巨人）もいたポジションです。

槙原　見たことはないですけど、阪神の吉田義男さんはうまかったんですよね。異名が『牛若丸』でしたっけ？

定岡　そうそう、八艘（はっそう）飛び。僕も実際のプレーの記憶はないけどね。僕の現役時代で言えば、大洋の山下大輔さんがうまかったな。

槙原　山下さんは堅実でしたが、横に飛ばない印象がありましたね。

定岡　ユニフォームが汚れるからじゃないの。慶応ボーイだからね。

槙原　阪神の優勝メンバー（1985年）だった平田勝男さんもうまかった。打球が抜けなかったです。

定岡　堅実だったよね。

槙原　昔の選手で言えば、阪急が3年連続日本一になったとき（1975〜1977年）の大橋穣さんがうまかったという人が多いですよね。強肩で、守備範囲がすごく広かったそうです。

定岡　守備範囲で言えば、髙橋慶彦（元広島ほか）も広かった。ただ、守備範囲の広い選手はポカが多いイメージもあるんだよね。難しい打球も届いてしまうから逆にエラーが多くなる。慶彦に関しては、広島市民球場の内野が土だから仕方ないところもあるけどね。

川口 あのころの市民球場はグラウンドの状態があまりよくなかったですしね。

定岡 ゴロに規則性のある人工芝のほうが思い切っていけるから、守備は華麗に見えるよね。

川口 宮本慎也（元ヤクルト）もうまかったです。

定岡 俺の兄ちゃん（智秋。元南海）も誰か名前を挙げてよ、肩は強かったよ。

篠塚 肩なら河埜和正さん（元巨人）も強かったですよ。

定岡 そうだっけ？ あまり記憶にないな。

篠塚 多摩川の芝を3メートルくらい削って後ろに守ってましたから。

定岡 というか、河埜さんと言うと、ビールを飲んでるイメージしかないんだよ（笑）。

槙原 グアムキャンプですごかったです。びっくりしました（笑）。

篠塚 結局、何を基準にするかだね。昔のショートは守備だけうまいもありだったけど、今の野球を考えると打撃も必要になる。

川口 サダさん、ビールをたくさん飲めるのも条件に入れますか（笑）。

定岡 バカヤロー！

槙原 石毛宏典さん（元西武ほか）、宇野勝さん（元中日ほか）、あとヤクルトの池山隆寛も大型ショートと呼ばれ、よく打ちましたね。

定岡 体の大きなショートはダイナミックに見えるよね。カル・リプケン（元オリオールズ。メジャーの大型ショートの先駆けとも言われる）はカッコよかった。

篠塚 2000安打以上では鳥谷敬（元阪神ほか）もいますよ。バッティングを入れたら実績は松井稼頭央（元西武ほか）が一番になるのかな。

盗塁も多かったし。

定岡　今後を考えたら坂本勇人（巨人）でしょ。通算安打で張本さんを抜く可能性があるくらいだからね。

槙原　坂本は大したもんですよ。いろいろあったけど、バットは振れてますよね、へへへ。

定岡　変な笑い方はやめろって！　でも、あれだけ打てて体がでかくて肩もよくてとなると、坂本しかいないね。

川口　俺も坂本にします。

篠塚　全員一致で坂本でいいんじゃないの。

［遊撃手］

定岡　**坂本勇人**
篠塚　**坂本勇人**
川口　**坂本勇人**
槙原　**坂本勇人**

「試合中のダンベルと言えば、山岡勝さんです」（槙原）

――外野はレフトからいきましょうか。張本さんがいらっしゃいます。

川口　外したら喝かな（笑）。

槙原　忖度なしで、史上最多3085安打だから外せないですよね。あとライトのイチロー（元オリックス―マリナーズほか）も文句のつけようがないでしょう。

定岡　でも、怒られるかもしれないけど、張本さんは守備に物足りなさがあったよな。

川口　もともとレフトには打撃優先のイメージもありますしね。

定岡　巨人だと高田繁さんが『塀際の魔術師』と言われ、クッションボールの処理がうまかったけど、イメージはコンバートしたあとのサードだからね（1975年からサードに）。

川口　山森雅文（元阪急・オリックス）はどうですか。レフトですごいプレーをしていますよ。

槙原　アメリカの殿堂で映像が流れているスーパーキャッチでしょ。

篠塚　あれはフェンスに登っただけだよ（1981年のロッテ戦での金網によじ登ってのスーパーキャッチが話題になった）。

定岡　やっぱりシノはクールだな。

――ではセンターは。

篠塚　福本豊さん（元阪急）かな。

川口　福本さんもオールスターでフェンスによじ登ってキャッチをし、長嶋監督が「あいつは猿か！」って驚いていたらしいですね。

槙原　世界の盗塁王ですしね。福本さんの1000盗塁は半端じゃないです（通算1065盗塁）。金田さんの400勝じゃないけど、今後も、そんなに走る選手は絶対に出ません。

定岡　足だけじゃなく、打球判断もよかったらしいよ。福本さんが守っていると、どこに打っても抜けないって、うちの兄ちゃんが言ってた。

槙原　守備がうまいセンターと言えば、新庄剛志（元阪神ほか）、秋山幸二さん（元西武ほか）もいます。

定岡　秋山も守備範囲は広かったね。西武黄金時代はライトの平野謙さんといいコンビだった。

川口　3人セットと考えると、1996年の日本シリーズで対戦したオリックスもよかったですよ。ライトがイチロー、センターが本西厚博、レフトが田口壮で、ほんと鉄壁だった。

槙原　僕は秋山さんにしようかな。バッティングもいいですしね。

川口　俺は山本浩二さん（元広島）しかいない。『ミスター赤ヘル』を外せないでしょ。

篠塚　外野手は外国人選手も多かったね。広島ならライトルはうまかった。ランスも打撃はホームランだけで穴だらけだったが、肩は強かったよ。

槙原　ランスにゴンですか（笑。１９８７年のホームラン王も三振が多く、打率も低かった。『タンスにゴン』というＣＭが流行っていたことから言われた。ちなみに「亭主元気で留守がいい」というやつです）。

川口　ライトルはライトで、ランスはレフトが多かったですね。

槙原　クロマティ（元巨人）はどうですか。

定岡　あいつは性格悪いからダメ。いや、冗談だよ、クロウ！　年上だけど、かわいい男です。

――松井秀喜（元巨人ほか）もセンターです。

定岡　確かに打撃はそうですね。グッチとマキは一緒にやってると思うけど、松井の守備範囲は広かったの？

川口　いや、そんなには。

槙原　堅実って感じですよね。ファインプレーはないけど、ちゃんと捕りますよ。

川口　俺のとき、落球したけどな（笑）。

槙原　ピッチャーって、そういうのは覚えてるんですよね。

川口　だから俺は選ばない（笑）。

定岡　僕は、これからの期待も込めて現役も入れたい。レフトは思いつかないけど、ほんとのベストナインも外野はポジションに関係なく3人でしょ。バランスを考え、イチロー、鈴木誠也（カブス）、柳田悠岐（ソフトバンク）にします！

［外野手］

定岡　**イチロー、柳田悠岐、鈴木誠也**

篠塚　**張本勲、福本豊、イチロー**

川口　**張本勲、山本浩二、イチロー**

槙原　張本勲、秋山幸二、イチロー

——では最後にＤＨ（指名打者）を。

槙原　これは大谷かな。別格でしょ。

定岡　いやいや、もう少し考えようよ（繰り返すが、4人はまだＷＢＣの結果を知らない）。外国人ならブライアント（元近鉄ほか）がすごかったよね。

槙原　一塁手だけど、バース、ブーマーは打撃力を考えたらＤＨでもいいからベストナインに入れておきたいところですよね。

川口　2人はすごかったからね。でも、俺はどちらにも大して打たれてないよ。ついでに言えば、クロマティにも。

定岡　また自慢か！（笑）

——先日亡くなった、門田博光さん（元南海ほか）もいます。

定岡　門田さんはすごかったらしいですね。うちの兄ちゃんが南海で一緒にやってるじゃないですか。試合中、ベンチで10キロのダンベルを上げていたらしいです。肩の脱臼癖があったんで、周囲の筋肉を鍛えるためだったと言ってました。

川口　豪快なようで、ストイックな人だったらしいですね。

槙原　試合中のダンベルと言えば、巨人のピッチャーの山岡勝さん（１９８０年巨人入団）がやってましたよね。

川口　なんで？

槙原　シュートピッチャーだったんで、ヒジを強くしたいって言ってました。

定岡　方向性を間違えてないか（笑）。

槙原　今でもたまに、酔っ払って電話かかってきます。中条善伸さん（１９８1年巨人入団）とか、あの人たちは酒好きでしたね。

定岡　2人とも引退後は巨人でバッティングピッチャーをしていたね。

川口　俺も覚えているけど、中条君は酒飲んでるときが一番うれしそうな顔をしてたもんな……

（このあと、しばし巨人のお酒話）。

定岡　あれ、何の話だったっけ？

篠塚　ＤＨです。やっぱり門田さんでしょ。

［指名打者］

定岡　門田博光

篠塚　門田博光

川口　門田博光

槙原　大谷翔平

選ばれた人たちの簡単プロフィール

［投手部門］

大谷翔平（おおたに・しょうへい）

エンゼルス所属の二刀流。野球界の歴史を変えた男だ。２０２３年ＷＢＣのＭＶＰ

江川　卓（えがわ・すぐる）

高校時代から「怪物」と言われた剛腕投手。巨人入団後はエースに

西本　聖（にしもと・たかし）

伝家の宝刀シュートを武器にした強心臓右腕。巨人時代は江川、サダさんと先発三本柱と言われた

金田正一（かねだ・まさいち）

国鉄―巨人で活躍した４００勝左腕。豪快な性格で「天皇」とも呼ばれた

［捕手部門］

野村克也（のむら・かつや）

南海で戦後初の三冠王にも輝いた強打の捕手。監督としての評価も高い

達川光男（たつかわ・みつお）

広島の捕手。打席での打者へのささやきなど、ち

よっとトリッキーなところも。川口さんとのバッテリーも多かった

【一塁手部門】

王　貞治（**おう・さだはる**）

ご存じ世界のホームラン王。通算868本塁打はすごい！

【二塁手部門】

篠塚和典（**しのづか・かずのり**）

われらのシノさん

落合博満（**おちあい・ひろみつ**）

ロッテ時代、史上最多3回の三冠王に輝いた天才打者

【三塁手部門】

長嶋茂雄（**ながしま・しげお**）

ご存じミスター・ジャイアンツ、ミスター・プロ野球。球界の太陽だ

【遊撃手部門】

坂本勇人（**さかもと・はやと**）

34歳にして、2022年シーズン終了時点で2205安打をマーク。張本超えなるか

【外野手部門】

張本　勲（**はりもと・いさお**）

史上最多3085安打を誇るヒットメーカー。現役時代からコワモテで、今はよく喝を出す

イチロー（**鈴木一朗。すずき・いちろう**）

日米通算4367安打の世界のヒットメーカー

福本　豊（**ふくもと・ゆたか**）

阪急で活躍した世界の盗塁王。通算1065盗塁、シーズン106盗塁とも日本記録

秋山幸二（**あきやま・こうじ**）

西武、ダイエーで活躍した強打堅守の外野手

山本浩二（**やまもと・こうじ**）

ミスター赤ヘル。選手生活半ばから長打力が増した。強肩でも知られる

柳田悠岐（やなぎた・ゆうき）
ソフトバンクのギータ
鈴木誠也（すずき・せいや）
広島からカブスに移籍した強打者
［**指名打者部門**］
大谷翔平（おおたに・しょうへい）
投手部門にあり略
門田博光（かどた・ひろみつ）
アキレス腱断裂を乗り越えた不屈のホームランバッター。2023年死去

2nd

THE 2ND INNING

球界の太陽・長嶋茂雄監督を語ろう！

2つめのテーマは、4人のあこがれの存在かつ恩師である、
長嶋茂雄さんだ。ずっと身近に接してきた
『昭和ドロップ！』のメンバーだからこそ分かる
ミスターの魅力をたっぷり話してもらおう。

※ Part.1 は週べ掲載分を再編集（最後におまけテーマあり）、
Part.2 は書籍オリジナル

「ミスターなら、どんなに厳しくても
ついていける。みんなミスターの笑顔、
喜ぶ顔を見たいから」（定岡）

球界の太陽・長嶋茂雄監督を語ろう！ Part.1

出席者●定岡正二、篠塚和典、川口和久

「長嶋さんってスポットライトがずっと当たっている感じですね」（川口）

――3人は定岡さんが1975年、長嶋監督1年目のドラフト1位、篠塚さんが翌1976年のドラフト1位。川口さんは1994年オフ、FAで長嶋監督2期目の巨人入りと、長嶋さんにラブコールされての巨人入りが共通点と思っています。

川口 俺は小学5年からエースピッチャーだったけど、チームの監督に「背番号3を着けさせてください」とお願いしたら「ピッチャーはダメ」と言われた記憶がある。長嶋さんの番号で、みんなのあこがれだからね。サダさん、俺らのガキのころはみんなそうですよね……。あれ、返事がないな……。サダさん、長嶋さんって背番号3でいいんですよね！（やや声でかめに）

定岡 でかい声で確かめるなよ、そんなこと！　返事をしなかったのは何を話すか考えていただけ。でもさ、現役時代の長嶋さんは現実味がなかったんだ。小、中学校と野球部がなかったし、テレビもそんなに見なかった。すごい人というのは分かっていたけど、実在の人物というより、伝説の物語の登場人物みたいな気がしていた。

篠塚 僕もそう。小さいころプロ野球はそんなに見てなかったですからね。ただ、周りの大人が長嶋さん、長嶋さんと騒いでいたのは記憶にあります。出身が同じ千葉ですしね。

川口 2人とも家にテレビがなかったんですか！

定岡 バカヤロー！　当時は野球を見るより、やるほうが楽しかったんだ。

川口 子どものころからの長嶋信者じゃなかった

んですね。俺にとっては、ずっと長嶋さんと王貞治さんは神様みたいなもんなんだけどな。サダさん、長嶋さんが現実になったのはいつですか。

定岡 リアル長嶋さんを見たときかな。世の中にこんな人がいるんだってびっくりした。伝説の人が初めて目の前に姿を現したんだからね。

川口 いつですか。

定岡 東京に入団発表で行ったとき（１９７４年オフ）。光り輝いていたよ。

川口 分かります！　長嶋さんってスポットライトがずっと当たっている感じですよね。

定岡 こっちが東京に初めて来たこともあったかな。「飛行機も乗ったことなかったんで、舞い上がっていたのは確か。会見前日に東京に入ったんだけど、球団の人が外車で迎えに来てくれたのが、すごく思い出にあるんだ。

篠塚 外車に見えただけじゃないんですか。

定岡 バカヤ……、いや、そうかもね。車種も覚えてないしな。首都高を通っているときも、東京って高いところに道路があるんだなと思ったからね。ただ、車で、よみうりランドにあった合宿所に向かったんだけど、どんどん田舎になっていくんだ。「これも東京なの？」って感じだった。

川口 サダさん、子どものころ、長嶋さんで疑問に感じていたことがあるんですよ。教えてもらっていいですか。

定岡 なんでしょうか……って、ミスターのマネジャーじゃないから、全部、答えられるわけじゃないけどね。

川口 走るとき両手をパーにして走りませんか。みんなグーじゃないですか。

定岡 あれはダイナミックを演出していたって聞いたよ。

川口 走り方にも華があった。引退試合の中日戦最終打席はショートゴロゲッツーでしたけど（1974年10月14日、後楽園でのダブルヘッダー第2試合）、ゲッツーでもカッコよかった。

定岡　現役後半のミスターはゲッツーも多くて、〝ゲッツーのチョーさん〟って言われたらしいね。

篠塚　カゴメのトマトジュースね。

川口　なんですか、それ？

篠塚　当時の後楽園は併殺の懸賞でトマトジュースが出たんだ。

「ミスターは目がグリーンなんですよ」（篠塚）

定岡　シノが入団のとき、ミスターは家まで来てくれた？

篠塚　近くのホテルでしたね。スーツをピシッと着てました。いろいろ話していただいたんですが、正直、ミスターの目しか見てなかった。ミスターは目がグリーンなんですよね。

定岡　シノはグリーンか。僕は茶色に見えた。モスグリーンというのかな。外国人みたいだったよね。目の色が違うんだ。

川口　カラーコンタクトをつけていたんじゃないんですか（笑）。

定岡　全国の長嶋ファンの皆さん、今、失礼なことを言ったのは川口ですからね（笑）。でも、すごく透き通っている目だったな。シノは、そこでミスターから何を言われたの？

篠塚　話はあまり覚えてないんですよね。

定岡　「お前が篠塚かあ、ううん」みたいなことは言われただろ（笑。長嶋さんの口まね）。

川口　おっ、似てますね。

定岡　映像じゃないのに無駄なことしたか（笑）。でも、シノには手厚かったんだね。僕のときは来てないのに。

川口　サダさんは、大して期待されてなかったんですかね。

定岡　バカヤロー！　まあ、鹿児島は遠いからね、と言っておこう。

篠塚　高校（銚子商高）の監督と田園調布の監督の家にも行きました。「多摩川の練習を見に来い」と言われて。

定岡　多摩川に俺たちいた？

篠塚　遠目からしか見なかったんで分かりませんけど、いたと思いますよ。休んでなかったら。

定岡　いたと思う。体は丈夫だったから（笑）。田園調布の家で、ミスターに何を言われたの？

篠塚　あんまり、あれこれ言われなかったですね。「体をしっかり鍛えておけよ」くらいです。それより奥さん（亜希子夫人）としゃべっていました。

定岡　アップルパイ出してもらわなかった？　手づくりの。

篠塚　そのときはなかったかなあ。

定岡　僕は何度か出してもらった。本当のことを言うと、（小声で）アップルパイ、嫌いなんだけど、「おいしいですねえ」と言ってね。……あれ？　これ勘違いされそうだな。アップルパイはおいしいんだよ！　僕がちょっと苦手というだけで。亜希子さんは、若手にもきさくに話しかけてくれて、ほんとありがたい存在だったな。

川口　巨人に来たとき（1995年）、うちの女房も、亜希子さんに、お料理会に誘ってもらったと言ってました。

定岡　昔から巨人は夫人を集めてやっていたからね。独り者の僕には関係なかったけど。

――1期目、グラウンドでの『監督・長嶋』はどうだったんですか。

定岡　僕はドラフト1位で入ったけど、最初の5

年はほとんど二軍だったんで、あまり接点がないんですよ。やっぱり一軍で勝ちだしてからな。一番印象にあるのは、1980年にプロ1勝目を挙げたとき。喜んでいただいて、「よく、頑張った」という一言だけだったけど、ほんとうれしかった。ふだん、会話がなかったんで。

——会話がないのはそのあともですか。

定岡　長嶋さんの監督時代はそうですね。普通に会話ができるようになったのは、監督を辞められて、ゴルフを一緒にできるようになったくらいからです。もともと巨人は、川上哲治さんが監督のときからの伝統もあって、監督が直接、選手と話すようなことはほとんどなかった。すべてコーチからで、時々、何かを言われても直立不動で「はい！」だけ。ただ、春のキャンプだけは、いつも一軍でやらせてもらっていたから、必ず一度はミスターの部屋に呼ばれました。大したことを話すわけじゃなく、「おお、体が少しできてきたな」とか言われるくらいでしたけどね。

篠塚　当時は結構、やられてましたしね、ピッチャーは。

定岡　うん、なんであんなにピッチャーに厳しかったのかな。あのピリピリ感は今も忘れられない。1期目の長嶋さんは、ほんと勝負の厳しさを感じさせる方で怖かった。学んだのは、ジャイアンツに負けゲームはない、常に勝っていかないといけないということだった。「リーグ優勝じゃダメだ、日本一にならないとダメだ！」と入ったころから言われていたからね。巨人は、そういう宿命なんだ、ミスターは、その中で戦ってきた人なんだと思っていた。

——野手の篠塚さんには、長嶋さんの接し方は違ったんですか。

篠塚　どうかな。僕も、そんなに話してもらったことはない。最初のころは僕が入団したのを忘れていたんじゃないかと思うくらいだった。1位なのにね。あとサダさんもそうだと思うけど、ファームにいると、一軍の監督との接点はほとんどないんですよね。

定岡　うん。二軍の練習を見に来るわけでもなかったしな。

篠塚　ただ、一軍の手伝いがあったんですよね。

定岡　投手の場合、バッティングピッチャーでね。覚えているのは王貞治さんに投げたとき。「お、王さんだ！」と思って硬くなってしまった。それで球筋が変になって、王さんが何球かでやめちゃったんだ。

川口　怒ってですか。

定岡　いや、何も言わない。なおさら「悪いなあ」と思ってね。王さんが一本足で足を上げるでしょ。そこがストライクゾーンなんだよね。当てちゃダメだと思うと、なおさらおかしな力入っちゃう。でもさ、僕らはそうやって一軍の手伝いをしながら、ミスターの顔を見るだけでも違った。ほんと時々だけど、何か声をかけてもらい、それがうれしかったな。

「こんなの使えるか！　と バットを放り投げた」（篠塚）

定岡　シノは僕より先に（1977年の夏以降）一軍に定着したけど、当時のミスターとの思い出って何かある？

篠塚　バットの話がありましたね。確か3年目（1978年）だったと思うけど、われわれ若手は、球場に早めに来て特打をして、ミスターもいつも来ていて外野を走っていました。あのときベテランの土井正三さんも来ていて、僕に「どういうバットを使っているの？」と聞いてきたんですよ。もともと細いバットを使っていたんだけど、土井さんが「シノ、お前の力でこんな細いバットを使っていたら通用しないよ。俺のを使え」と、短くて太いバットをくれたんです。

川口　昔の小柄な選手は、太いバットでゴツンと当てるようなバッティングをしてましたね。

定岡　福本豊さん（元阪急）が、すりこぎみたいなバットを使ってたな。

篠塚　太いバットは、重心のバランスもあって、さらに短くしか持てないんです。そのバットで打撃練習を続けていたら、ミスターが来て「よし、俺が投げるぞ！」とバッティングピッチャーをやってくれた。

定岡　へえ、すごいな！　ミスターの球を打てるんだ！　うらやましいね。

篠塚　どんな球筋かも分からないじゃないですか。１球目、ど真ん中だけど、見送ったんです。そしたら、そのときは知らん顔をしていたけど、次の球、いきなり頭に投げてきた（笑）。

定岡　わざと！

篠塚　何も言わなかったけど、たぶん、マジで怒ってましたね。そのあとだったか、何球か投げてからか忘れましたが、見ていて、おかしいと思ったんじゃないですかね。「篠塚、どんなバットを使ってるんだ、見せてみろ！」と言われ、「土井さんが使えと言ったバットです」と言って渡したら、「こんなバット使えるか！」って、いきなりバットを放り投げたんですよ（笑）。

川口　すごい話ですね！　土井さんも近くにいたんでしょ。

篠塚　もちろんだよ。それでミスターに「こんなんじゃなく、自分のバットを使え！」って言われ、当然、「はい！」しか言えないでしょ。それから土井さんも何も言わなくなった。

定岡　でも、よかったよな。太いバットならシノのあの柔らかいスイングはできなかったと思うし、首位打者も獲れなかったかもしれない。そういうきっかけもあるんだな。

篠塚　バットは、こっちもプロに入ったころはよく分からなかったんで、いろいろなタイプを使ってみました。同じくらいの身長の高田繁さんのバットとかね。でも、小柄な人は大抵太いバットを使っているけど、どうしても構えが小さくなって、当てるだけのスイングになるんですよね。

定岡　バットでスイングが決まるというのも面白いね。バッターのあるあるかな。

「伊東キャンプのメンバーに僕は入ってません！」（定岡）

――ファン目線では、背番号90の長嶋さんは、川上さんのような厳格で怖そうなイメージじゃなく、すごく明るく見えました。選手から見た『監督・長嶋』は、また違っていたんですね。

篠塚　う〜ん、というか、正直な話、あのころの僕は、ミスターが監督としてどうだとか、そういう目で見たことなかったんだよね。ミスターはミスター。ほかの選手は分からないけど、僕はミスターが監督をやっているときは、とにかくミスターのために勝たなきゃ、優勝しなきゃと、そういうふうにしか考えなかった。

定岡　シノもそうか。おかしな話に聞こえるかもしれないけど、僕らは、優勝したいという思い以上に、ミスターが喜ぶ顔を見たいというのがあった。厳しさがすごくあるけど、ミスターなら、どんなに厳しくても、鉄拳があってもついていける。なぜかと言えば、みんなミスターの笑顔、喜ぶ顔を見たいから。選手がそんなふうに思う監督は、長いプロ野球の歴史の中でも、ミスター以外いないんじゃないかな。

篠塚 でも、距離はありましたよね。本当の意味でミスターに身近に接したのは、伊東キャンプからになるのかな。

定岡 伊東キャンプは何年だったっけ？

篠塚 １９７９年の秋です。僕の4年目でした。１９７６、１９７７年の連覇のあと、2年連続で優勝できず、僕ら若手もこのままじゃいけない、なんとかしなきゃと思い始めていたころです。

定岡 僕は5年目のシーズンが終わったときだった。まだ一軍では1勝もしてない。

――長嶋監督が、若手を猛練習で鍛え上げたという伝説の伊東キャンプですね。やっぱり厳しかったんですか。

篠塚 あのキャンプは言葉では簡単に説明できないな……。ただ、激しかったし、きつかったけど、終わったときは、すごくやり遂げたという充実感があった。参加した選手はみんな力をつけたしね。もう一つ、あのとき思ったのは、「ああ、ミスターはこういうふうに選手と接するんだな」ということ。ずっと雲の上の人だった長嶋さんが、僕らの近くに来てくれたというのかな。これは怒られるかもしれないけど、ミスターって見ているだけで楽しいんだよ。だから、いくら練習がきつくても、「ああ、嫌だ」にはならず、前向きになれた。

定岡 そう！ そうなんだよね！

篠塚 バッティング練習をしていても、ミスターがランニングをしていると、そっちに目が行くんですよ。

川口 分かるなあ。

定岡 一つひとつの動きが絵になるんだよね、オーラがあって。

川口 伊東での秋季キャンプはそれ以前からやっ

ていたんですか。

篠塚　いや、あのときが初めてだった。ミスターが高校時代、立教大学のセレクションを受けた場所らしいよ。原点の地だったんだろうね。

川口　参加したメンバーは誰だったんですか。

篠塚　中畑清さん、松本匡史さん、江川卓さん、西本聖さん……。

定岡　もういい！　分かった！　シノ、自分で言うよ！　僕は入ってません！

川口　なんでサダさんが入ってないんですか。

定岡　みんな100パーセント、僕が入っていると思っているだろうね。よく「伊東キャンプ、どうでしたか」って聞かれるもん（泣きまね）。そのあとにできた親睦会の『伊東会』には入れてもらって、ずっとゴルフや食事は一緒にしているんだけど、実は呼ばれてなかったんだ。あのときショックだったのは、2年後輩の赤嶺賢勇が入ったこと。彼も僕と同じで、一軍では1勝もしてなかったんだけどね。

川口　沖縄（豊見城高）の右投げのピッチャーですね。甲子園で活躍された人だった。確かにサダさんとキャラがかぶりますね。

定岡　キャラとか言うな（笑）。後日談になるけど、当時の投手コーチだった杉下茂さんに「なんで僕は外されたんですか」と聞いたことがある。そしたら「お前は腰が壊れてるから、無理させられないと思ってな」と言われた。中畑さんは「お前に発奮してもらうためだったと思うぞ」と言ってくれたけどね。確かに腰は痛めていたし、真意は分からないけど、伊東キャンプの話は聞くたびにうらやましい。俺だって、あそこで追い込まれて鍛えたらどうなったかなって思って。

――定岡さんも翌1980年にブレークした一人ですよね（先発に定着し、9勝。防御率はリーグ

3位の2・54)。

定岡　そこは強調してもいいかな。要するに、あの伊東キャンプは、参加した人だけじゃなく、僕みたいに行かなかった人にも刺激になったんですよ。「伊東組に負けるな!」っていうのは、ほかのみんなにあったしね。ただ、「行っていたら、もっと……」という思いはやっぱりある。シノ、伊東会って何人くらい集まったっけ?

篠塚　結構いましたよね。多いときは15人くらい集まったかな。来られない連中と、誘ってないやつもいたけど(笑)。

定岡　毎年、冬に1回、ミスターの別荘に招待していただいてね。そこは風呂に入りながら富士山が見えるんだ。ミスターが「おい、食べてるか」「おい、寒くないか」(口まね)とか、いろいろ気を使って声をかけてくれた。僕は、あの別荘で初めて床暖房を経験した。ミスターは寒がりなんで、僕らにも羽根布団と床暖房で防寒はばっちりなんだけど、正直言うと、暑くて、暑くて(笑)。でも言えないでしょ。ミスターが「おい、寒くないか」(またも口まね)って言ってきたら「大丈夫です!」以外、何を言えるの!

篠塚　ミスターに「う〜ん、定岡、お前、結婚しないのか」(やはり口まね)って、いつも言われてましたね(笑)。

定岡　また、俺に振るか! 「そのときは仲人お願いします!」って何度言ったか!

「俺、野球界から離れて不良になろうと思ったからね」(定岡)

篠塚　でも、伊東キャンプで力をつけ、そのメンバーが、なんとかミスターを胴上げしたいという思いでやっていたんだけど、1980年は3位で退任になった。パッといなくなってしまって、ほんと空っぽになったような気持ちになった。

定岡　うん、ショックだったね。あのあと藤田元司さんが監督じゃなかったら、ジャイアンツはどうなっていたか分からない。

――藤田さんの話は、機会をあらためてじっくりお聞かせください。

定岡　ＯＫ。でもね。僕は在任中だけじゃなく、ジャイアンツをやめるときも、ミスターにすごくお世話になっているんですよ。

川口　近鉄に行けと言われ、「嫌だ」とスネまくって引退したときですね（１９８５年オフ）。

定岡　グッチ、それ言うか？　近鉄に悪いから言わないようにしようと思ったのにさ！

川口　で、そのとき長嶋さんは何を。

定岡　ドジャースにいたアイク（生原昭宏）さん（当時ドジャースの会長補佐）に連絡してくれて、ドジャースのスプリングトレーニングに参加できたんだ。あれがあったから野球を嫌いにならなかったと思う。きっぱり現役と縁が切れた。

川口　指導者の勉強ですか。

定岡　肩書きは打撃投手だったかな。でも、実際、行ったら打撃投手じゃない。マイナーじゃなく、メジャークラスの選手と一緒に練習をさせてもらい、すごくよくしてもらった。１カ月、目いっぱい野球をやらせてもらったんだ。楽しかったし、野球に完全燃焼ができたね。あれがなかったら、今、野球界にいないと思うよ。俺、野球界から離れて不良になろうと思ったからね！

川口　不良というのも昭和ですね（笑）。

定岡　当時はいろいろ言われたけど、近鉄がどうこうじゃないよ。なんで俺を出すんだと思って、そっち。言い方は悪いけど、一度だけ、大好きなジャイアンツにケツをまくったんだ。だって、その年（１９８５年）は4勝かもしれないけど、その前の年まで、5年間で50勝近くしているのにってね（47勝）。あのときは、「もういいや、俺の野球は終わりにしよう」と思ったんだ。

――そうだったんですか。

定岡　全部、ミスターのおかげですよ。今振り返っても、すごくぜいたくな環境だったと思う。ピッチャーはバレンズエラ、ハーシュハイザーとか超一流選手がいて、彼らと一緒に一軍扱いでやっていたんですからね。それで意外と僕のスライダーが通用したんです。ゲーム形式で5イニングくらい抑えたあと、ラソーダ監督から「サダオカ、お前、アメリカに残れ」と言ってもらった。ほんとうれしかったな。

川口　さくっと自慢入れてますね（笑）。

定岡　違うよ！　いい思い出だったということ。ミスターの僕へのプレゼントだったのかな。

――今回は、いい話の連発ですね。

定岡　僕らが話をつくっているわけじゃないんです。ミスターがそういう人だから、自然とそういう話になるんですよ。

「『代打・吉田』と言いながらバントの格好をした（笑）」（篠塚）

篠塚　僕の3年目くらいだったと思うけど、ミスターがベンチで、山本功児さんとか原田治明さんに向かって「みんな代打の用意をしろ！」と言ったことがあるんですよ。僕も行こうかと思ったんですが、「若いやつはいい」と言われ、ミスターの横で座っていたんです。それで投手の打順になって、ミスターがすっと立って審判のところに行ったんで、誰を使うのかなと思ったら、「代打・篠塚」。間違えたのかと思ったんですが、僕を見て「お前だよ！」。あわててヘルメットと手袋を取りにダッシュしました（笑）。

川口 打ったんですか。

篠塚 まさか。急に言われて打てるわけない。

定岡 確かに、ベンチで目が合うと「お前、行け！」というときがあったらしいね。僕らピッチャーは、ベンチにいないから分からなかったけど。

篠塚 選手交代のときも面白かったですよね。古賀正明さんというフォークが得意な投手を使うときは、審判にフォークの握りを見せて「ピッチャー・古賀」。吉田孝司さんが代打のとき、「代打・吉田」と言いながらバントの格好をしたのは驚いた（笑）。実際、送りバントだったけどね。

川口 それ聞いたことあります。ミスター伝説の一つですよね。

篠塚 あとね、長嶋さんがサインを出すとき、一歩前に出ることがあったんだ。例えば、バントのサインだったら、させるときは出て、させないときは出ない（笑）。これもミスターの人柄だろうけど、ほかのチームのコーチが「ミスターに言っておきな。サイン丸分かりだよ」って。それから土井さん（当時コーチ）が出すようになった。

川口 でも、いろいろな人から「長嶋さんって、いつもあんなだったんですか」と聞かれることがあるじゃないですか。みんな天然という意味で言っているんだと思うけど、それは違いますよね。

篠塚 うん、ミスターは確かに突拍子もないことをポンとすることもあるし、動物的勘もあったけど、実は記憶力がすごくいいしね。

定岡 そうそう。あと洞察力なのか直観なのか分からないけど、あの透き通った目で見られると、見透かされてるように感じるんだよね。

篠塚 実際、すごく選手を見ていました。1期目はベンチに背中をつけている選手は絶対に使わなかった。前のめりで試合に入っているかどうかを判断していたんでしょうね。大ざっぱに見えるかもしれないけど、実は繊細な人で、試合中もテレビのカメラの位置を全部把握していて、映り方を意識していました。

川口　僕がいた時代もそうでした。ベンチでドリンクを飲むとき、カメラや報道陣がいると、必ず商品名が見えないようにしますしね。

「ミスターの下でユニフォームを脱ぎたいと思っていた」（篠塚）

――長嶋さんは長い浪人生活を経て、1992年オフに2期目の監督に就任しました。

篠塚　帰ってくるというウワサはあったけど、実際に帰ってくると決まったら、やっぱりソワソワしたね。発表会見のあとでミスターが報知新聞にあいさつに行くという話を記者から聞いたんで、どうしても会いたくて、報知新聞まで行きましたよ。僕はずっと、自分がユニフォームを着ているうちにもう1回着てもらって、ミスターの下でユニフォームを脱ぎたいというのがあったからね。それはできそうだなと思った。

川口　藤田さんのあとですね。

篠塚　うん。藤田さん、王さんで、もう1回、藤田さんを挟んだあとだね。

定岡　俺は、あのときミスターと一緒にできなかったんだ、ううっ（泣きまね）。いや、まあ、帰ってきてくれたのは、外から見ていても、うれしかったよ。またジャイアンツのユニフォームを着ていただいてね。でも、なのに、なんで俺が戻れないんだよって、ううっ（また泣きまね）。

川口　ピッチングコーチで帰ってくればよかったじゃないですか。

定岡　いや、そのころはまだ若かったからね。僕は伝える側で盛り上げていこうと思ったんだ。

川口　スポーツキャスターとして人気があった時

代ですね。そっちで儲けてたからですか（笑）。

定岡　バカヤロー！

篠塚　コーチになったら収入半分以下ですからね。

定岡　おいおい、シノもやめなさいって。野球少年たちが読んでいたら本気にするだろ。

川口　お金も夢の一つですよ。サダさんはスポーツキャスターもそうだけど、『生ダラ』（テレビ番組『とんねるずの生でダラダラいかせて!!』）で、タレントとしても大人気になりましたから、セカンドライフでは成功者ですよね。

定岡　セカンドライフでは？（笑）

川口　すみません。失言です（笑）。でも、長嶋さんが復帰したとき、俺はカープ時代だったけど、単純にうれしかった。ずっとあこがれの人ですから。相手ベンチから見ていても華がありました。

定岡　シノ、1期目のミスターとは違っていた？

篠塚　ブランクがあったし、当然、同じとはいかないですよね。2期目のときは、ミスターの1期目を知っている選手は僕くらいだったと思うけど、以前のミスターは、いつもグラウンドの中を動き回っていたから、今度も手取り足取り教えてもらうのがすごく楽しみだった。バッティング練習をしながらでも「ミスターはどこにいるのかな」っていつも目で追っていました。でも、拍子抜けというのか、2期目の1年目は、コーチに全部任せていた。ピッチングのほうにはよく行っていたけど、野手がバッティングや守備をしているところにはあまり出てこなかった。シーズン中もグラウンドで選手にあれこれ言わなかったんですよ。話していたのは、松井秀喜（この年、星稜高から入団）だけです。

川口　へえ、そうだったんですね。

篠塚　ほかの若い選手だって、本当は教えてもらうのを楽しみにしていたと思う。それで1年目が終わったあと、思い切ってミスターの家まで行って、「以前のように、もっと監督に直接指導してもらいたいと選手は思っているはずです」と話した。そしたら「それはできるよ」って言ってくれた。だから、2年目はちょっと変わったよね。

定岡　シノはすごいな。直接、家に行くなんて僕には想像できないよ。

「これは耳からタコが出るくらい聞いてると思うけど」（と長嶋さん）

川口　長嶋さんの1年目と言えば、この間もG+で見たばかりですが、シノさんがヤクルトの伊藤智仁から9回二死にライトスタンドへサヨナラホームランしたシーンはすごかったですね。あの年の伊藤は、真っすぐも高速スライダーもえげつなかった。あの試合も巨人は17三振でしたっけ？（6月9日、石川県立野球場でのヤクルト戦）

篠塚　俺の前で16三振だったよ。

川口　それで初球ストレートをシノさんがカーンと打った。カッコよかったな。あの飛距離はすごいですよ。シノさんは体つきじゃ分からないリストの強さがありますよね。その気になればかなり飛ばせる。僕が投げるときは絶対に引っ張ろうとせず、リストでレフト方向へポンと流してばかりだったけど。

篠塚　お前は、（胸のあたりを指さし）この辺を攻めてくるからなあ。

川口　そうしないとやられるからです。すみません、かなり当てちゃったと思いますけど。

定岡　ベンチが行けというんだから仕方ないよ。カープだけじゃない。ほかのチームもジャイアンツ戦では厳しく来たよね。

川口　一応、言っておきますが、ベンチの指示は「当てろ！」じゃないですよ。「見せろ！」って言われるんです。近めのボールを見せておけば外寄りのボールに距離ミスが起こるからって。まあ、「当ててもいいから行け！」は、コーチの安仁屋宗八さんが、よく言ってましたけどね（笑）。

定岡　当時で言えば、近めを厳しく攻めるのはカープとドラゴンズが多かった。巨人もニシ（西本聖）がそうだったかな。ただ、インサイドを攻めるのは簡単じゃない。当てたら1球で走者を出すことになるんだから投手だって痛いからね。相手の腰を引かせ、しかも当てないとなると、ピッチャーもコントロールを磨かなきゃいけないし、キャッチャーも頭を使ってインサイドのボールをどうやって生かすかって考えなきゃいけない。ずっと体近くじゃ、ケンカになるだけだからね。

川口　そう思います。ただ、インコースの出し入れは難しいけど、投げなきゃ勝てないのも確かです。インハイ、アウトローのコンビネーションは強打者相手の基本ですしね。

定岡　今のジャイアンツ投手陣にも必要なことだよね。もっと攻撃的なピッチングをしなきゃいけないと思う。

川口　カープ時代の日本シリーズ（1984年）で、この年、三冠王のブーマー（阪急）をインコース攻めで封じ込めたことがあります。相手の情報が少ない短期決戦でインコースは絶対必要です。そうだ！　長嶋さんから脱線したと思ったけど、この話とミスターはつながりますね。シノさんも覚えていると思うけど、1996年、オリックスとの日本シリーズ前のミーティングが面白くて、みんな笑っちゃったことがあったんですよ。長嶋さんが「パ・リーグの打者は力強いスイングをしてくるから、外一辺倒じゃダメだぞ。ピッチャーはしっかりインコースに行けよ！」って言ったんですが、その前置きが、「みんな、これは耳からタコが出るくらい聞いてると思うけど」って(笑)。

定岡　タコができる、じゃなくてか。でも、そういうのも含めてミスターの魅力だからね。

「どこの長嶋さんかなと思って電話に出たら……」(川口)

――長嶋監督2期目の2年目は、中日との最終戦同率決戦『10・8』で優勝、さらに宿敵・西武を破って日本一の1994年ですが、開幕前、篠塚さんには『背番号6』問題がありました。

篠塚　落合博満さんが中日からFAで巨人に入ってきて、自分がずっと着けていた6を欲しがったときね。

川口　「6を取られたらやめる」と言ったんでしたよね。

篠塚　新聞記者が、そのほうが面白いからそう書いたんじゃないの。もちろん、こだわりがなかったわけじゃないけど、新聞にミスターが「自分の3を譲ってもいい」と言ったと出ていて、すぐミスターに連絡したんだ。「絶対にやめてください。6は渡してもいいですから」と。結局、1年目の落合さんの番号は60番になったけど、落合さんには「シノは来年ユニフォームを脱ぐから1年待ってくれ」って話したんじゃないかな。

川口　シノさんは俺と入れ違いで、その1994年限りで引退でしたが、やめるのは決めていたんですか。

篠塚　腰痛がひどくてきつかったのは確かだけど、まだやりたかったし、やれると思っていた。リーグ優勝したときも、まだやめるつもりはなかったんだ。日本シリーズの初戦を前にミスターに呼ばれて、「シノ、どうだ、そろそろ」と言われたときも、自分の中には現役20年(当時は19年目）という目標があったから、「やめるときはファンの人に報告してからと考えています」と答えた。でも、日本一が決まった日、あらためて監督室に呼ばれて、「球団としても若い選手を育てたい」と言われたときに、「はい。分かりました」と。ミスターを日本一にしたということでは、いいケジメかなとも思ったしね。

定岡 いいな。ミスターの役に立ててうらやましいよ。そのあと、シノはコーチになったけど、ミスターはまた違ったのかな。

篠塚 まったく違うということはないですよ。ただ、「へえ、コーチには、こういう話をするんだ」というのは少しあった。選手には言えないこともありますからね。

川口 例えば。

篠塚 オリックスから来た野村貴仁（オリックスから1998年巨人に移籍の左腕）って覚えているだろ。

川口 ああ、清原和博のときの（混み入っているので、説明省略）。

篠塚 あいつが登板して、まったくストライクが入らなかったときがある。そのときミスターがベンチ裏に行った。イライラすると、いつもそうするんだ。それで僕も行ってみたら、裏で試合のモニターをじっと見ていて、「シノ、あいつストライク入らんだろ。あいつは、俺に何を言ったと思う。『僕はボール1個分の出し入れができます』。そう言ったんだ。あいつはもうダメだ!」って言って、すぐ交代。そのあともしばらく大事な場面では使わなかった。投手に関しては、あきらめというか見切りがすごく早かったな。

定岡 ミスターだけじゃなく、野手の監督はそうなりがちだよね。グッチが巨人に入ったのは1995年か。

川口　はい。1994年オフにFA宣言をして、最初に声をかけてくれたのが西武で、そこに入ろうかと思っていたんです。でも、ある日、東京の女房の実家にいたら「長嶋さんって人から電話よ」って言うので、どこの長嶋さんかな、と思って出たら「川口君、長嶋だけど」って甲高い声。え、この声は……うそだろって。長嶋さんが直接電話くれるなんてまったく考えてなかったですしね。それで「FAしたの？　じゃあ、あした会おうね」と言われ、翌日、ホテルオークラの部屋に呼ばれたんですよ。そこで「う～ん、川口君は今年、ジャイアンツに何勝したの？」「4勝しました」「そうか、じゃあ来年のうちは4敗がなくなるなあ」と言われました。

定岡　さすがにそれは作り話だろ。

川口　いや、ほんとの話ですよ。それで俺、巨人に入ろうと思ったんです。あのとき長嶋さんの下で野球ができるだけで幸せだなと思ったんですよ。小さいころからずっと巨人ファンで、長嶋さんを見てきて、あこがれた。それが初めて電話で言葉を交わして、次の日一緒に食事して。ほんと夢みたいでした。ただ、巨人というチームに怖さはありましたね。外様だし、結果を出さなきゃ厳しいだろうとは覚悟していました。3年契約はしてもらったけど、自分の中では2年続けてダメならやめようと思いました。

――奥さんのお父さんの病気が広島を出るきっかけだったそうですね。

川口　東京に住む女房のオヤジが膵臓（すいぞう）がんで余命3カ月と宣告され、女房には「私が東京に行って看病する」と言われた。それでタイミングよくFAの権利があったということで、女房の実家から通える関東の球団と思った。だけど、まさか巨人とはね。これはもう導かれたんだなと思った。

実は、女房のオヤジさんが、熱狂的な巨人ファンで、俺自身も子どものころから巨人ファンでしょ。これはもう入る道ができたと思った。

篠塚　巨人に何年いたんだっけ？

川口　4年です。活躍したのは1996年の後半だけでしたが。

定岡　嫌らしい質問だけど、西武と巨人、どっちが条件よかったの？

川口　実は、どちらも条件は聞いてなかったんです。巨人の金額も入団を決めてから聞きました。

定岡　いいね、さすがグッチ！　で、1年目は？

川口　4勝6敗です。巨人ファンにも広島ファンにもずいぶんヤジられました（苦笑）。

定岡　それでダメなら引退覚悟の2年目になるわけだね。

川口　ええ。でも、この年も開幕からダメで、コーチの堀内恒夫さんに「もういいよ」と言われてファームに行きました。そこで宮田征典さん（コーチ）に「今年でやめようと思ってるんです」と話したら、「まだ2年目だぞ。先発だけがピッチャーじゃないんだ」と。そこから俺もどうせやめるなら、やるだけやってみようと思って、宮田さんのアドバイスでピッチングのメカニズムを一からつくり直しました。幸いと言うと何だけど、そのシーズン、一軍のピッチャーがみんなボロボロになっていた。それで7月の札幌シリーズに呼ばれ、そこから、それなりのピッチングができたんですよ。チームも投打がかみ合うようになって、あの11・5ゲーム差からの『メークドラマ』と言われた大逆転優勝になっていきました。

定岡　さすが宮田さんだね。僕も現役時代はお世話になった。

川口　それがあったから、この年の最後のマウンドにいさせてもらったと思います（リーグ優勝の胴上げ投手)。

定岡　人って変わるし、変われるんだよね。グッチも引退を覚悟したところから胴上げ投手になれたんだから幸せだよな、うん。

「ボディソープで泡だらけになって、流さずに湯船に入ってくる」(川口)

川口　サダさん、いい話路線からガラリと変えていいですか。

定岡　なんだよ!　ミスターで悪い話はないだろ。

川口　僕が長嶋さんで一番印象的なのは、あんパンなんですよ。

定岡　そっちか!(笑)

川口　監督が入った食堂で、あんパンの切れ端が必ずあるんですよ。それを「あ、これ長嶋さんのだ!」って、あとでみんなが取りにくる(笑)。

篠塚　ミスターは1個全部は食べないんだよね。必ず手でちぎって少しだけ食べ、残りは皿に置いておく。

川口　あれはもう、『あんパン事件』です(笑)。

定岡　失礼ですけど、野球以外は子どもだからね、ミスターは。でも、それが魅力になるんだ。なんと言うのかな……。

篠塚　なんでも許せちゃうというのはありましたよね。

定岡　そうそう!

川口　でも、許せないことが一つあったな。

定岡　なんだ!　おかしなことを言うと、全国の長嶋ファンを敵に回すよ!

川口　いや、許せないは冗談で、本当は巨人入団が決まってから、ずっと楽しみにしていたことです。お風呂です。

定岡　ああ、あれか(笑)。

川口　試合が終わって風呂に入っていたら、監督が「ああ、みんなご苦労さん」って入ってくるじゃないですか。それで、ボディソープを体にジャーッとつけて泡だらけになったら、それを流さずに湯船に入ってくるんです。そのあと、さっとあがって「じゃあな！」で帰るんですよね。湯船の泡を取るのが大変で（笑）。

定岡　俺たちのころも同じさ。ミスターのあとで入るときは「あれ、ここは泡風呂だったっけ」と思うくらいだった（笑）。

川口　ウワサに聞いていたので、ほんと初めて見たときはうれしかったな。

定岡　グッチが巨人に来たときのミスターは、もう温和だったでしょ。

川口　グラウンド以外では優しいおじさんでしたね。来たばかりのとき、2人になったら「川口、もう若くないんだから無理するな」と言われたことがあるんですよ。期待してなかったんですかね（笑）。グラウンドでは厳しい顔をしていても、ベンチ裏とかになるとすごく優しくて、「川口、お前、メシ食ってるか」とか言ってくれた。あのころの俺は長嶋さんと話せるだけ幸せでした。

定岡　僕のいた1期目とはまったく違うな。そういう優しいときを知らないからね。厳しいミスターが嫌だったわけじゃないけど、そこで選手として、やってみたかったよ。

「二軍監督の関根さんはよかった。何も言わなかったから」（篠塚）

――やっぱり長嶋さん話は面白いですね。また機会をあらためてお聞きできればと思います。

定岡　きょうは3人とも時間あるし、ほかのテーマがあれば、もう1つくらいやっておきますか。経費削減になるでしょ（笑）。

――ありがたいです！

川口　そうだ！　コーチの話はどうですか。宮田さんはサダさんの恩師でもあるんでしょ。

定岡　うん。宮田さんは僕のプロでの初めてのコーチだったんだ（1975年巨人一軍投手コーチ）。すごく丁寧で優しかった。10代の僕たちには、「俺の言うことを聞いておけば間違いない」くらいの説得力があった。ただね、当時は宮田さんだけじゃなく、いろんな方がアドバイスしてくれたけど、プロの人たちの言うことはすべてが正しいんだと思って聞いていたら、自分のフォームが分からなくなったことがある。すごく戸惑った。宮田さんも強制はしないけど、その言葉の真意が分からなくなったこともあった。10年以上たってからかな、あのときの宮田さんの言葉はこういう意味だったんだって分かったのは。それを宮田さんに言ったら「そうだろ」ってすごく喜んでくれた。指導ってそういうところがあるよね。そのときは分からなかったことが、年月がたってから、やっと自分の身になっていたことに気づくというのかな。

――ほかに印象的だった方は。

定岡　中村稔さんかな（巨人コーチは1970―1977、1981―1983、1989―1992年）。上からじゃなくて選手の目線になれるんですよ。練習も選手と一緒にやってくれましたしね。指導もワンポイントしか言わないんだけど、それがツボに入ってくる。入団したばかりのときと、あと藤田さんが監督になってからのコーチでしたね。

――以前、取材したことがありますが、面白い人ですよね。選手の×××の××××をよく頼まれるとか言ってました（笑）。

川口　それ、全部伏字にしてね（笑）。

定岡　そう言えば、あの人、競馬が好きだから、二軍の北海道遠征のとき、「サラブレッドを見に行こう。ハイセイコー（1975年引退の名馬）がいるぞ！」って言いだしたことがある。それで「この牧場では顔だからさ」って連れて行ってもらったのに、中に入れてもらえなくて外から見て終わった（笑）。

川口 おおらかそうな方でしたね。

定岡 男気もある人だった。僕は好きだったな。

篠塚 僕は二軍監督だった関根潤三さんですね。

定岡 僕が入ったときは二軍監督は国松彰さんで関根さんは一軍コーチだったけど、シノが入った年（1976年）に1年だけ二軍監督になったんだよね。どのあたりがよかったの？

篠塚 何も言わなかったことです（笑）。

定岡 確かに、いつもニコニコしてたね。

篠塚 コーチ陣に「シノはいじるな。自由にやらせとけ」と言ってくれたそうです。それが本当に助かりました。ミスターの指示もあったと思いますけどね。

定岡 アドバイスはなかったの？

篠塚 なかったわけじゃないけど、押しつけがましい言葉は一度もなかったですね。むしろ、つぶやくようにポンと言う言葉が耳に残りました。

川口 シノさんはプロで打撃の師匠はいなかったんですか。

篠塚 そうだね。これは昔からだけど、野球やっていて、あまり人に教わったことがなかったんだよね。

川口 さすが天才打者だ。

「広島って駒澤大、亜細亜大の東都イズムだよね」（篠塚）

――川口さんは、宮田さん以外で誰が。

川口 広島時代は安仁屋宗八さんだね。お酒が好きな方で、キャンプのブルペンで、よく木にもたれて居眠りしてたけど（笑）、すごく人間味がある方だった。

定岡　現役時代はもみあげがすごく印象にある。今も時々、マツダ広島で会うけど、いい人だよね。

川口　素晴らしい人ですよ。コーチ時代は怖いところもありましたけどね。内角を攻めろ、攻めろとうるさいし（笑）。

定岡　というか、広島のコーチ陣はみんな怖そうだったね。大下剛史さんとか。

篠塚　広島って僕から見ると、駒澤大、亜細亜大の東都イズムだよね。練習を見ていると似た感じがした。

川口　エラーしたらノックを素手で捕らされてましたからね。

定岡　でも分かるよ。昭和っていうのは、根性がないとダメだからね。

川口　そういう無茶苦茶な昭和イズムが、当時のカープにとっては必要だった気もします。補強資金も限られていて、どんどんいい選手が入ってくるわけじゃないから、入った選手をとことん鍛えるしかない。僕が入ったころのカープは、すでに強くなっていて、いい選手も入ってきた時代でしたが、そのシステムは変わらなかったですね。

定岡　それが脈々とつながっているんだよね。僕は昔の広島の練習を見ていて気持ちよかった。うまくなるために必死なのが伝わるからね。

川口　やってる選手はきつくてたまりませんけどね（笑）。ただ、最初は嫌でしょうがなかったけど、そういう練習も慣れると不思議としんどくなくなるんですよ。だから、ジャイアンツに来たとき思ったのは、「楽だな」って。キャンプのアップがジャイアンツは30分くらいだったけど、カープは2時間ですからね。

篠塚　もともとは、ジャイアンツだってアップはかなりやる球団だったんだよ。キャンプでは、アップだけで1日が終わってしまうようなメニューもやっていたからね。

川口　ただ、体づくりということでは、「昔がすごかった」とだけは言えないですよね。僕らの時代はオフに何もしないから、1回、普通の体に戻って、それでキャンプに入ってから、また体づくりするので、そういう激しいトレーニングが必要だったとも言えますしね。

篠塚　昔はオフに体を動かすのは、ゴルフくらいだったからね。今はシーズン終わっても、ずっと体をつくってる。これはすごいよね。

川口　今のピッチャーは、オフでも肩回りの筋肉を落とさないトレーニングを常にやっていますけど、昔はそういう知識もないし、まったくやらなかった。肩回りは、それこそ投げることでしか鍛えられなかった時代です。津田恒実が故障でまったく投げられない年があって、肩を触ったら筋肉がなくてびっくりした思い出もあります。

定岡　でもさ、昔はキャンプで壊れたやつもいたけど、終わると、別人みたいに成長する選手もいた。まさにサバイバルだったよね。

川口　ほどほどの練習では、ほどほどしか成長しないのはあるかもしれないですね。

定岡　昭和のオジさんの意見だけど、やはりキャンプにはきつさも必要だと思う。「昭和デー」じゃないけど、たまには昭和みたいな練習をやって、先輩たちが何をしてきたか知ることも必要じゃないかな。そう思わない？

川口　思います。

定岡　すべてが時短で効率的じゃなく、僕らが経験した昭和の泥臭いやり方を今の選手が体感するのも悪くないんじゃないかと思うんだけどね。

篠塚　データや理屈が多過ぎるのは確かだね。

定岡　まずは球数。今の若い選手は、「よし、きょうはブルペンで200球、思い切り投げてみよう！」なんて思わないでしょ。

川口　ないですね。コーチが止めるでしょうし。

定岡　でも、僕らはそれをやったし、それで成長もした。今の若い子だって、やったら何かが変わってくるんじゃないかな。「へぇ、先輩たちってこういうことをやってきたんだ」って、僕はむしろ面白がるんじゃないかと思うしね。今の子だって、200球くらい投げられるでしょ。

川口　できると思いますよ、やらないだけで。結局、そこまで投手を過保護にした結果が今ですよね。1日100球しか投げられないピッチャーばかりになった。僕らの時代では、あり得ないです。そもそも完投しないと給料上がらなかったし、5回を投げて勝ち投手になっても、コーチに「そんなのは実績にならない」って、よく怒られたもんですけどね。

定岡　そうそう、「もっと投げろ」ってね。

篠塚　実際、野手からしても「ふざけんじゃねえ」ですよ。週に1回、5イニングや6イニング投げただけで何億円って給料高過ぎでしょ。毎日肩をつくっているリリーフピッチャーだって、内心、怒っているんじゃないですか。

球界の太陽・長嶋茂雄監督を語ろう！ Part.2

出席者●定岡正二、篠塚和典、川口和久、槙原寛己

ミスターの話となると、定岡さん、篠塚さん、川口さんのトークだけというわけにはいかない。書籍オリジナル『夢のベストナインを選ぼう！』のあとで槙原さんにも語ってもらうことにした。もちろん、『赤いバラ』も登場してます！

「あのバラは捨てちゃったんですよ。今思うともったいなかったですね」(槙原)

――ではベストナインに引き続き、槙原さんに長嶋さんの思い出をお聞きします。

槙原 僕の話だけですか。

定岡 僕らはもうたっぷり話したから、時々口をはさむくらいにしておくよ。……でも、結構、時間がたったから、前回(2021年)、何を話したかまったく覚えてないな(笑)。

川口 俺は覚えてます。あのときもすきやき定食食べたなあって(笑)。

定岡 そこか! では、読者の皆さん、話がだぶっていたらご勘弁ください!

槙原 僕は1回目の監督時代はまったく知らないので、1993年に監督として戻ってこられてからの話ですが、1年目は本当に会話がなかったですよ。

定岡 へえ、そうなの。

槙原 すごく探っている感じがしました。だから、監督の言葉はコーチからとか新聞で知ることが多かったです。

定岡 長嶋一茂がヤクルトから巨人に来たし、自分の息子みたいな年齢の選手が多くなっていたからかな。

槙原 おそらく。1期目にいた方はほとんど引退されていたんで、ジェネレーションギャップはすごくあったと思います。

篠塚 選手は、もっともっとミスターから指導を受けたがっていたのにね。

槙原 それが、なぜか2年目の1994年から変わりました。春季キャンプの最初の休みの前日、投手陣をメシに連れて行ってくれて、寿司屋でふぐをごちそうになったんですよ。「これが見たいのか！」って、（皿に盛られた薄造りのふぐの刺身を箸で一気にとるしぐさ。ミスター伝説の一つでもある）やってくれて（笑）。

定岡　いいね、さすがミスター！

篠塚　僕が言ったんだ。1年目が終わったあと、「われわれのときのように選手は待ってるんです、グラウンドでの指導を。ミスターの言葉って力になるんで、前みたいにグラウンドで動いてください」って。そしたら、ミスターは「いいのか、動いて」と。「やってください」ってお願いしたら、「そんなのできるよ」って言ってくれた。

槙原　シノさんだったんだ。次の休日前は野手を連れて行っていましたが、そうすると、選手も長嶋さんに冗談も言えるし、長嶋さんも冗談を言ってくるようになって、雰囲気がすごくよくなりました。でも、僕はその前から結構、長嶋さんとしゃべっていたんですよ。例のFA問題を起こしましたからね（笑）。

篠塚　バラか（笑）。

定岡　赤いバラだ、赤いバラ（笑）。

槙原　長嶋さんは仕方なしでしょうが、そのとき、じっくりお話させてもらいました（1993年オフ、できたばかりのFA権を行使も宣言残留）。

定岡　最後はミスターが家まで来てくれて、マキの背番号と同じ17本のバラを渡したんだよね。

槙原　正確には20本です。いつの間にか17本と報道されていたんで、まあ、いいかと（笑）。

定岡　そのバラは、ちゃんとドライフラワーにして保存してるんだろうな。

槙原　それが捨てちゃったんですよ。今思うと、もったいなかったですね。『鑑定団』（テレビ番組の『開運！　なんでも鑑定団』）に出してみたかったです（笑）。

定岡　バラに感激し、残留を決めたわけだね。

槙原　いえ、家にいらしたときは、もう「残ります」って伝えたあとで、話は全部終わっていたんですよ。長嶋さんも早く帰りたいなって感じで、時計ばっかり見てました。僕は「なんで来たのかな」と思っていたけど、長嶋さんは「俺がお前の家に来たことに意味がある。俺がちゃんと止めたってことにしないと、お前がこれから巨人でやりづらくなるだろ」って。さすがだな、と思いました。実際、巨人を出ることが本意じゃなかったですしね。ただ、ちょっと給料がね……。

定岡　上げたかったんだろ（笑）。

槙原　サダさん、初めてのFAの権利ですよ！　なんとかしたいじゃないですか（笑）。

定岡　分かるよ。それまでジャイアンツのピッチャーの給料は抑えられていたからな。

川口　ジャイアンツだけじゃないですよ。ほかの球団も、野手は給料が上がるけど、ピッチャーはなかなか上がらなかった。どうしたってピッチャーは何年も連続で結果を出すのは難しい。1年頑張ると、次の年は今一つのことが多いですから。

槙原　今の時代は、1年勝っただけでめちゃくちゃ給料が上がりますよね。あれなら一生懸命やりますよ。夜遊びなんかしないし、オフにゴルフも絶対やらない。現役時代、僕もアメリカに行ってトレーニングしたり、ボールの回転数をチェックしたり、動作解析したり、全部やってみたかったな。もう1回やり直したいです。

川口　自分をもっと分析できただろうな。

定岡　今はすべて数字で出るから、変なコーチはいらないよな。経験論だけのコーチとかね。俺とマキはどうせコーチなんかしないから偉そうに言うけど（笑）。

槙原　それでメジャーに行けばドンと給料が上がるじゃないですか。メッツに行った千賀滉大は5

年で100億円以上でしょ。すごいですよね。

定岡　マキはすぐお金の話に持っていくな（笑）。

槙原　すみません（笑）。とにかく、長嶋さんは、僕の野球人生をまた巨人でしっかりと続けさせてくれた恩人です。

「完全試合のときの気持ちでいつも投げたらと言われるけど」（槙原）

定岡　俺らのときの1期目の監督時代は、烈火のごとくベンチの中で暴れていたことがあったけど、2期目は暴れたときあったの。

槙原　あんまりなかったですね。あったかもしれないけど、僕らには見せなかったです。帰りの車で、後部座席から運転席の後ろを蹴っていたって話は聞きましたけど（笑）。

――1994年、マキさんは完全試合もありましたよね（5月18日、福岡ドームの広島戦）。長嶋監督はどんな言葉を。

槙原　抱っこしてくれました（笑）。あのときの対戦ピッチャーが川口さんだったんですよ。

川口　こっぴどくやられたよ。

定岡　へえ、グッチが相手だったのか。完全に忘れてたな。でも、あの試合の前に門限破りをしてんだよな、マキは。

槙原　はい。それでホリさん（堀内恒夫コーチ）に見つかったんです。ホリさんは夜の1時くらいに帰ってきて、僕は逆に1時くらいに宿舎から出て行ったところを見られたようです。誰かまでは分からなかったらしく、「抜け出したやつがいるから探せ！」となって、僕が帰ってきたとき、部屋に差し紙が入っていました。

川口　俺はマジメに寝てたのに負けたんだ（笑）。

槙原　試合の前の日じゃないですよ。福岡に着いた日で、試合は2日後です。仕方ないですよ。福岡と北海道遠征の到着した日は、とりあえずみんな出ますから。それで外出禁止1カ月の刑が出ました。僕は外に出るなって言われることが一番つらいんですよ。なんとかならないかと思って、次の日、マネジャーに詰め寄ったら「あすのゲームの結果を見ようよ」ということになりました。

川口 それで完全試合か、現金だな（笑）。

槙原 やっぱり力が出るじゃないですか（笑）。

篠塚 その気持ちでいつも投げりゃよかったじゃないか。

槙原 みんなに言われるんですけど、やっぱり、そうはいかないですよ。あのときは、自分を自由にしたいという思いで頑張れました。まずは勝ち投手と思っていたから、5回終わったとき、勝利投手にはなれるだろうなと思って、すげえ、うれしかったのを覚えています。

篠塚 マキは最高何勝だっけ？

槙原 13勝です。

篠塚 へえ、意外と少ないな。

定岡 勝った。僕は15勝ね！

槙原 参りました（笑）。

川口 僕も15勝です。

定岡 僕らは集中力あるんだよな。マキは計算高いから、2ケタを何年か続けたほうが年俸上がると思ったんじゃないか（笑）。

槙原 計算なんかできませんよ！　僕は2シーズン、故障で半分くらいいないときがありましたしね。右の半月板を痛めて途中で終わっちゃったこともあります（1989年）。あのときはオールスターまでに12勝を挙げたんですが、そのあとはまったくダメでした。もう人の足みたいで、フラフラして走れなくて。テーピングでぐるぐる巻きにして投げたんですけど、バント処理のときにグギッときたことがありました。

篠塚　後ろで守っていても分かったよ。

川口　あったな。先乗りスコアラーから「槙原のヒザがおかしい」と報告があって、俺もセーフティーバントをしたことがある。

槙原　隠してはいたんですが、完全にバレてましたね。川口さんだけじゃなく、みんなバントの構えをしてきました。

定岡　川口のバントは、セーフだったの。

川口　はい。そこから点を取ったはずです。

定岡　マキ、ヒザは今でも痛い？

槙原　医者に「50過ぎたら（痛みが）出るよ」って言われ、実際、出ました。今、走れませんから。

定岡　実は、俺もヒザが痛くて、あぐらをかいて座れないんだ。ゴルフでもヒザを曲げてラインを読めない。

槙原　僕もそうです。でも僕はラインを読んでも入らないから同じです（笑）。

定岡　さすがマキ！　いつもうまく落とすな。

ヒザを曲げずにラインを読むサダさんのパット

長嶋茂雄

ながしま・しげお●1936年2月20日生まれ。千葉県出身。佐倉一高から立大へ進み、当時の東京六大学リーグ新記録となる8本塁打を放つ。58年に巨人へ入団。いきなり本塁打王、打点王、さらに新人王にも輝いた。派手なアクションや勝負強さで絶大なる人気を誇り、『ミスター・プロ野球』『ミスター・ジャイアンツ』とも。74年限りで現役引退。その後は2期にわたって巨人の監督を務め（75～80、93～2001）リーグ優勝5回、日本一2回。2期目の勇退後は巨人の終身名誉監督に就任し、13年には国民栄誉賞を受賞している

3rd

THE 3RD INNING

怖くて優しい藤田元司監督を語ろう!

長嶋茂雄監督のあと、王貞治監督のあとと2度、
ジャイアンツの監督となったのが藤田元司さんだ。
果たして長嶋チルドレンの定岡さん、篠塚さんは、
どんな思いを持っていたのか。そして愛弟子の槙原さんは――。

※ Part.1 は週べ掲載分を再編集、Part.2 は書籍オリジナル

「1回だけかな、藤田監督が
烈火のごとく怒ったのを見たのは。
まさに赤鬼でした」(定岡)

怖くて優しい藤田元司監督を語ろう！　Part.1

出席者●定岡正二、篠塚和典、川口和久

「四国では硬派で知られ、ヤクザ10人相手に立ち回った伝説も」（定岡）

――今回は川口さんには休憩していただくことになりそうです。

川口　なんで？　俺は元気いっぱいだよ。

――定岡さん、篠塚さんにとって二番目の監督となる藤田元司さんについて聞こうと思いまして。

川口　なるほどね。だったら仕方がない。俺がインタビュアーになるよ。

定岡　いい質問を頼むよ。忘れてることも多いけどね。

川口　俺のカープ入団年でもあったんですが、藤田さんの1期目は長嶋茂雄さんの監督退任後（1981年）でしたよね。それまでの印象は。

定岡　ＮＨＫの解説者をやられていて、もちろん、ジャイアンツの大先輩だし、素晴らしい投手だったことは知っていた。球場に来られたとき、あいさつはしていたよ。でも、年齢も離れているし、じっくり話をしたことはなかったな（就任当時、定岡さん24歳、藤田監督は49歳）。

篠塚　ウワサはいろいろと聞いていましたよね。

定岡　そうそう、出身の四国では硬派で知られ、ヤクザ10人相手に立ち回ったとか、ほんとかよ、と思うような伝説がいろいろ出回っていた。でも、多摩川の練習で就任のあいさつを聞いたとき、しゃべり方がすごく優しくてソフトな印象だったね。

川口　実際、藤田さんから怖さは感じましたか。

篠塚　それはなかったね。ものすごく温厚だった。藤田さんと一緒にやったことがある人からは、「瞬間湯沸かし器のようにカーッとなるときもあるぞ」って警告されたけどね。1回だけじゃないですか。本気で怒ったのは。

定岡　その話は最後にとっておこう。でも、僕は逆に、藤田監督はああいうふうに優しく見えてもハードな面もあるんだなと思ってた。

川口　2人は長嶋さんが辞められたことのショックはありませんでしたか。俺はドラフトの前だったけど、すごくびっくりした記憶があります。

定岡　あったに決まってるよ！　あのときは藤田さんがどうこうじゃなく、長嶋さんが辞められた時点で、「え～！」というのが正直な気持ちだった。やっと先発に定着し、これから少しは監督に恩返しができるかな、と思っていたからね。それに、あのころの僕は、監督と言えば、長嶋監督とイコールだった。その人が監督じゃなくなり、違う人が来ることへの戸惑いはあったね。

篠塚　僕もそうです。反対があった中で、ドラフト1位で獲ってもらった人間でもある（病気で入院していた時期があり、指名回避のウワサもあった）。それが伊東キャンプのあとのシーズンで、やっとまずまずの結果を出して、自分自身、「プロでやっていける」「よし、これから長嶋さんに恩返ししなきゃ」と思ったときだからね。

定岡　シノも恩返しか！　いいね、半沢直樹だ！（2021年の取材当時、すでに終了はしてたが、高視聴率で話題になっていた人気ドラマ。決め言葉は「恩返し」ではなく「倍返し」。たぶん、使いたかったのだろう）

川口　翌1981年は、2人も中心選手になっての優勝、日本一でした。

篠塚　すべては伊東キャンプの流れなんだよね。原辰徳はそのあと入ってきたし（1981年）、サダさんはメンバーに入ってないけど（笑）。

定岡　前に言ったから強調しなくていい！（『球

界の太陽・長嶋茂雄監督を語ろう！』編）。

篠塚　だから1981年は、恩返しですね。長嶋さんのためにも結果を残さなきゃいけないと、そういう思いが強かった。

川口　長嶋さんの退団で、チームがバラバラになってもおかしくなかったのが、優勝に向けて前向きになれたのがすごいですね。当時、長嶋監督を慕う選手たちは、藤田監督に反発しているのかなと思ってました。

篠塚　外から見てるとみんなそう思うだろうね。

定岡　それは藤田さんの人間力、優しさだね。最初は話したことないし、どういう人かと思ったけど、なんと言えばいいのかな、すごく包容力のある方だった。実際、僕らも構えてたもん。僕やシノがそうだけど、いわゆる〝長嶋っ子〟たちも多かったしね。でも、そこでさっき言ったとおり、藤田さんの器の大きさがあったからうまくいった。藤田さん本人はきつかったと思うよ。長嶋さんのあとということで、世間の逆風もすごかったから。

——自宅に脅迫めいた電話や手紙もたくさんあったようです。

定岡　それに耐えて、しかも選手との信頼関係を築いて優勝させるんだからすごいですよね。僕もそうだし、原、江川、いや江川卓選手にしても、長嶋さん、王貞治さんという素晴らしい監督の下にいた時代はあるけど、やっぱり藤田監督に一番影響を受けたんじゃないかな。気配り目配りがすごいから。一番覚えているのは、「中心になる選手は見なくても大丈夫。外にいる人たちをきちんと把握しておけばチームはうまくいく」っていう言葉です。見方がまったく違うんだなと思った。バッティングピッチャーやブルペンキャッチャー、多摩川で作業している裏方さんまで含めて気遣いできる人でしたから。

篠塚　ベンチでも、ベテランに対してものすごく大事に接してくれたけど、厳しさもありましたよね。ベテランが変なプレーをしてベンチに帰ってくるとガーッと怒る。そうすると周りもピリッとするじゃないですか。これはすごいなと思いました。若手や中堅の連中にも刺激になることを考えてやっていたと思う。

定岡　へえ、そうだったのか。僕らピッチャーはベンチにはあまりいないから分からなかった。けど、確かに個々の〝人〟を見ている方だったと思う。この選手は怒ったほうがいいのか、乗せたほうがいいのか、使い分けるスマートな監督だったな。あとね、それまで僕ら選手は半人前って感じで認めてもらえなかったけど、藤田監督になって初めて、「お前に任せた」って一人前扱いしてもらった。それがすごくうれしかったね。長嶋さんは目を血走らせながら「交代！」って感じだったけど、藤田さんは、やっぱりピッチャー出身だから、それはない。ひと言、「次、頑張れ」って、そう言ってくれる。あれはすごく力になった。

川口　よそから見ていても、藤田さんってすごくピッチャーを大事にするイメージでした。

定岡　誤解してほしくないけど、長嶋さん、王さんも本当は優しいんだけど、まず厳しさが来て、その向こうに優しさが見えるという感じだったからね。

――でも、あの年、篠塚さんは厳しいスタートになりました。

定岡　しんどかったでしょうね。周りで見ていて「はじき出されそうだな」と思ってました。

篠塚　ベロビーチキャンプの最終クールで、新人の原がセカンドに来たんですけど、そのときは別にライバルとは思わなかった。彼はセカンドの動きじゃないしね（高校、大学とサード）。でも、宮崎に戻って、初日が終わって2日目の新聞に『原がセカンド』と出たんですよ。ええっ！　という感じ。まだ、なんの勝負もしていないしね。それでもキャンプを一生懸命やって、オープン戦で勝負するしかないと思ったんですが、オープン戦に出してもらえなかった。

定岡　つらいね。

篠塚　それで開幕前にミスターから電話があったんですよ。「腐るなよ。必ずチャンスあるから、出されたとき、しっかり結果を出せるように準備しておけ！」って。

川口　さすがミスター、いい話ですね。

篠塚　それから気持ちを引き締め、練習も試合を想定しながらやっていたら、5月、サードの中畑清さんがケガをした（5月4日、阪神戦）。そのあと原が三塁に入って、僕がセカンドです。中畑さんが戻ったら外されるかもとは思っていたけど、首脳陣だけじゃなく、ファンにも「これじゃ、篠塚を外せないな」という雰囲気にさせようと思って必死にやりました。

定岡　あのときは中畑さんがナイスケガだったんだよな（戻ってからはファーストに入った）。

篠塚　あれがなかったら、そのまま控えだったと思います。

定岡　野球の神様っているんだよね。でも、1981年は、もちろん藤田さんの力が大きかったんだけど、優勝したとき、幻の胴上げじゃないが、ミスターを胴上げしたような気持ちはあった。誰も口に出さなかったけど、僕だけじゃないと思う。

「藤田さんにバレたら、命を取られたかもしれない」（定岡）

――藤田さんの1期目は、王助監督、牧野茂ヘッ

ドコーチでトロイカ体制と言われましたが、打者は王さんが指導されていたんですか。

篠塚　うん。でも、僕は王さんに何か技術的な指導をされたことはなかったな。

定岡　藤田さんも、もう出来上がっているピッチャーには、投げ方どうこうと言う人じゃなかった。ただ若い投手にはアドバイスしていた。有名なのは斎藤雅樹のサイド転向だよね（オーバースローだったのをサイドに転向指示）。

川口　サダさんはその前に引退でしたが、シノさんは監督2期目（1989～1992年）も現役でした。雰囲気が違いましたか。

篠塚　それほど変わりはなかったかな。相変わらず温厚な感じだったよ。だいぶ、おじいちゃんになっていたしね。

川口　1989年、近鉄との日本シリーズも聞きたいんですよ。3連敗から4連勝で日本一の年です。藤田監督の2期目初年度ですね。

定岡　僕はもう引退していなかったから、シノ、お願います。

篠塚　3連敗のあとはやっぱり気落ちしましたよ。でも、僕はあの発言を次の日の朝まで知らなかった。テレビとか見なかったから。ブランチを食べながら新聞を読んでいたら、こんなこと言ったと書いてあったけど、そのときは「3連敗したし、言われても仕方ないな」って思ったよ。

川口　加藤哲郎（近鉄の3戦目勝利投手）の「巨人はロッテ（同年パ最下位）より弱い」ですね。

篠塚　そうそう。ただ、試合開始が近くなると、ニュースで前の日の映像が流れるでしょ。それで実際に見て、「コノヤロー！」と思った。選手もそうだけど、藤田監督、コーチも間違いなく、火がついた。あとはファンね。東京ドームだったし、ファンがそうなると、球場がそういう雰囲気になってくるんだ。そこでの香田勲男のピッチングも大きかった。あの完封で流れが一気に変わったね（第4戦）。

定岡　じゃあ、このあたりで、さっきの藤田監督が本当に怒った話をしようか。あれはグアムのキャンプだった。

川口　怒られたのはサダさんですか。

定岡　ほかにも何人かいたけどね。

篠塚　あれは怒られてもしょうがなかったよね。

定岡　あのとき初めて〝武闘派・藤田元司〟を見たね。

川口　なんかワクワクしてきたな（笑）。

定岡　グアムキャンプのとき、中畑さん、山本功児さんたちと俺を含めた何人かで、ホテルから車で20分くらい離れた海水の天然プールで遊んでいたんだ。当時は海で泳ぐのは禁止で、そこもダメと言われていたんだけどね。そしたら、そのとき僕が飛び込み台から飛び込んでいる写真が、日本から届けられていた報知新聞にドカンと大きく載ってしまった！　朝のミーティングで、藤田監督がその写真が載った新聞を丸めて持ちながら「行った選手、立て！」と。顔がみるみる真っ赤になって、新聞を持つ手も震えてた。「うわ〜、これはやばいな。殴られる」と思いながらみんなで出て行ったら、中井康之さんだけバツーンと一発。中井さんはそのとき一軍半の野手だったから殴りやすかったんだろうね。あのときの1回だけかな、藤田監督が烈火のごとく怒ったのを見たのは。まさに赤鬼だった。

篠塚　瞬間湯沸かし器からいきなり沸騰した熱湯が出たんだね（笑）。

定岡　見せしめのために、わざと（そういう姿を）見せたのかな。

篠塚　いや、ほんとに頭に来たんでしょ、あの顔は。もちろん、海外でキャンプをやっているし、預かった選手をケガさせないようにという責任感もあったでしょうね。今後のために厳しく言ったとは思います。

定岡　でも、今思えばバカだったよね。飛び込み台は5メートルくらいの高さだった。地元の子どもが反対側の岩場で同じくらいの高さから飛び込んでいたのを見て、「俺もあいつらと一緒に飛び込んでやる！」って思って、頭から飛び込んだんだ。子どもと違って体重があるから、もう少し水深が浅かったら死んでたよ。

篠塚　プロ意識がないですよね（クールに）。

定岡　でもさ、俺、時々、そういう変なことをしちゃうんだよね。

川口　分かる、分かります！

定岡　あれ、カワ、そこは違いますよ、と言わないと！（笑）

川口　ゴルフでも、それくらいの勢いでパターやったらもっと入るんじゃないですか。

定岡　それは違うんだ、パターはちょっとしたイップスみたいなやつさ。グアムと言って思い出したけど、そのキャンプでもう一つすごい話があった。海辺でバーベキューしたあと、中畑さんやトレーナーと一緒に外海の夕日を見ていたんだよ。波は荒かったけど、すごくきれいだった。そしたらさ、俺、なんと大波にさらわれちゃったんだ！みんなが内緒にしてくれたんだけど、藤田さんにバレたら、命を取られてたかもしれない（笑）。

川口　大丈夫だったんですか。

定岡　大丈夫じゃない！　岩で上半身の右半分をざっくりすりむいた。そのあとも走ったり投げたりすると、ユニフォームですれて痛くてね。

川口　そのまま波に持っていかれなくてよかったですね。

定岡　うん、一歩間違えたら溺れ死んでたよ。必死に岩にしがみついていた。

――最後の締めですが、昭和の時代、特に長嶋さんが監督になってからは、巨人戦のテレビ視聴率20パーセント台が当たり前になりました。その中で1980年に一度、落ちましたが、藤田監督時代にまた上がり、1983年が一番高かったそうです。平均27・1パーセントというからすごいですよね。なぜ、みんなあんなに夢中になったんでしょう。

定岡　もちろん、V9からの流れはあります。巨人人気がものすごかったですからね。加えて、あのときは、そこからの世代交代の時期を経て、長嶋監督に鍛えられた若い選手が中心となった時代です。勢いはありましたよね。

川口　今より、80年代のプロ野球のほうがエンターテインメントとしての質が高かった気がします。一人ひとりのキャラクターがはっきりしていて、それぞれのポジションで輝いていた。

定岡　なんだ、川口！　カッコいいこと言うじゃないか。きのう寝ないで考えたんだろ（笑）。あとは熱量ですね。昔のほうが間違いなくありました。選手だけじゃなく、お客さんも情熱的でしたしね。選手もファンも涙、汗を感じる野球をしていた気がします。もちろん、今の選手に熱がないとは言わないけど、昔に比べスマートですよね。

篠塚　確かに今より泥くさかったかな。あと、時間がたったことでなおさら、あのころはすごかったなという感じがするんですよ。もう40年たつのに、当時のスタメンや先発の4人くらいまでなら、みんな名前をすらすら挙げますからね。

藤田監督についても、4人がそろった書籍用の取材で槙原さんに話してもらった。長嶋さん同様、3人の座談会から2年ほどたっているので、多少のだぶりはご勘弁を。というか、スタートはやっぱり、あの〝事件〟からだった。

「ポパイ世代だからサーフィンだろ！ファッションリーダーだし」（定岡）

――槙原さん、次は藤田さんの話をお願いします。これも以前、ほかの3人でやったテーマです。

定岡 マキは藤田さんのときのドライチだっけ？

槙原 はい。1983年の入団で、王貞治さんが助監督でした。藤田さんと言えば、グアムでサダさんたちと一緒に僕らも立たされて殴られた事件がありましたね（笑）。

定岡 いきなりそれか！　もういいよ、一度書いてもらったしね。

川口 もう一度、入れましょうよ。新たな事実が明らかになるかもしれないし。

定岡 まあ、いいか。『天然プール事件』ね。

槙原 普通のプールはいいけど、海では泳いじゃいけないと言われていたんですよね。あそこは海水を使っていたけど、僕らは勝手に、「ここは海に面した天然プールだからいい」と言ってたんですよ。行ったら楽しかったし。

定岡 バーベキューしたりね。新聞記者もついてきて一緒に楽しんでいたと思ったのに……。

槙原 僕も吉村禎章や駒田徳広さんたちと参加して、一緒に立たされたんですが、「若いやつはもういい。お前らは連れて行かれただけだろうから座れ！」となった。一番上が吉田孝司さんで、中畑さんもいました。で、怒られだしたら、サダさんはほかのことでも怒られたんですよね（笑）。

定岡 飛び込み台で、頭から飛び込んでいる写真を報知新聞が載せたんだよな。「これは誰だ！」「僕です」となったら、藤田さんがヒートアップしてね。その新聞を持つ手が震えて、顔が真っ赤になった。僕はやられてもしょうがないと思っていたんだけど、僕のところをスーッと通り越して、中井さんの頭をボカンと。

槙原　ここでも中井さんです（笑）。

定岡　のちのちだけど、このときのことを藤田さんに聞いたら、「中井をたたいておけば丸く収まるからな」って。まだそのときは、僕も売り出し中だったしね。でも「あれも計算だった」って藤田さんは言ってたけど、顔が真っ赤だったよな。

篠塚　あれは本気で怒ってましたよ。

槙原　中井さんが、ちょうどいい落としどころだったわけですね。

川口　でも、なんだか楽しそうなキャンプですね。カープじゃ考えられないな。

篠塚　グアムは午前中しか練習やらないから、午後はやることなかったしね。

槙原　暑くてできないんですよね。ハワイの優勝旅行で、顔がずるむけちゃったのもサダさんですよね（笑）。

定岡　いいよ、それはまた今度、ゆっくり話をするから。

川口　出しちゃいましょう！　本を売るためには、こういう話も必要なんですよ。

定岡　分かった。じゃあ、マキから話して。

槙原　優勝旅行で行ったマウナケアにプライベートビーチがあったんです。そこに僕らがウワーッて飛び込んでいくと、波にもまれるんですよ。体が海の中でくるくる回る。それがめっちゃ楽しいんです。サダさんが飛び込んでいったら、すごい勢いで巻かれ、顔が……。

定岡　僕が顔をケガしたのはサーフィンをしてた

ときだよ。みんながゴルフをしていたのに、僕は「ゴルフはオヤジのスポーツだからやらない！」って。

川口　さすがサダさん、カッコいい！

定岡　ポパイ世代だからサーフィンだろ！　なんたってファッションリーダーだからね……ってまた調子に乗ったか（笑）。あのときはロングボードをやっていたんだけど、波にもまれて死にそうになった。下は岩ではなかったけど、硬くてやばかったんだ。しかも、高価なインディアンコインのネックレスをしてたのになくしちゃってね。次の日、朝6時から一人で海に探しに行ったけど、あの波であるわけないよな。

槙原　顔の半分がすごいことになっちゃってましたよね（笑）。

川口　前に巻き込まれて体の半分が傷だらけになった話がありましたが、同じときですか。

定岡　いや、あれはグアム、こっちはハワイだよ。

篠塚　同じようなことをしてしまうんだ、この人は（笑）。

「王さんに代わったら投手の特権が全部禁止になった」（槙原）

槙原　でも、藤田さんは、すごくやりやすかったです。ピッチャー出身の監督ということもあって、ピッチャーに対して甘いというより、理解がありましたからね。

定岡　「甘いじゃなく理解があった」って、さすがマキ、いい言葉だな。

槙原　藤田さんは怒るのもすごいんですけど、褒めるのもうまいんですよね。人心掌握に長けていた方だと思います。

定岡　うん、褒め上手だったな。

篠塚　それで怒り上手。怒られても、こっちも納得するんですよね。

定岡　1期目の藤田さんのあとは、王貞治さんが監督になったけど、マキの思い出は。

槙原　王さんには怒られたことしか覚えてないですね。

篠塚　長嶋さんもそうだったけど、王さんもピッチャーには厳しかったよね。

定岡　なんでなんだろうね。

篠塚　野手出身だからですよ。

定岡　なるほどね。シノには何を聞いてもパッと返ってくるな。

槙原　藤田さんのときは、ピッチャーは投げた次の日が休みっていう特権があったんですよ。でも、監督が王さんに代わったら、「それはおかしくないか」ということでなくなった。とにかくグラウンドに出て球拾いでもしてくれと。当然と言えば当然なんですが、球拾いって、時間が長くなると意外ときつくて、次の日に腰が張るんですよね。

篠塚　メシを削られたのは覚えてるな。試合の前にホテルの人が用意してくれる食事があるじゃないですか。それを「サラダとサンドイッチ、フルーツだけにしろ」って。

定岡　試合前に、あまり満腹になるなということだね。今なら当たり前の話だけど、当時は分からないしな。

槙原　それまでは後援者の人がいろいろ差し入れしてくれて並んでいたじゃないですか。覚えているのは、華正樓（かせいろう）の肉まんとシューマイ。これがめちゃくちゃうまいんですよ。ごつくて中身がギュッとしている。あれが禁止になったのはショックでした。

川口　俺のときは長嶋さんの2期目だったけど、差し入れはすごかったよ。1個1万円といういちごがあって、「これ何?」って思った。

槙原　寿司も笹で包んでありましたよね。あれも高いんですよ。

川口　そうそう、高そうなものがたくさんあった。やっぱりジャイアンツはすごいなと思ったね。

定岡　藤田さんの2回目の監督で、ピッチャーの優遇は戻ったの？

槙原　はい。そしたらまた日本一になったんです（１９８９年）。

定岡　斎藤がいきなり20勝したときでしょ。王さんを弁護すれば、当時は過渡期だったからね（任期は１９８４―１９８８年）。僕もそうだけど、江川投手も西本も力が落ちていた（定岡さんは１９８６年、江川さんは１９８７年限りで引退。西本さんは１９８８年オフ、中日にトレード）。王さんも厳しくしなくちゃと思ったんだろうな。

槙原　１９８９年は桑田真澄が17勝で、僕が12勝かな。若い世代が出てきて、ちょうどいいタイミングだったことは確かです。

「自分から代えてくださいと言ったのはサダさんだけ」（槙原）

――王さん時代は角盈男（当時・角三男）―鹿取義隆―サンチェとか、今考えると時代を先取りしたような継投野球でしたが、藤田さん時代はとにかく完投数がすごかった。１９８９年は１３０試合で69、１９９０年は70完投しています。

槙原　というか、代えてくれないんです。特に三本（斎藤、桑田、槙原の先発三本柱）は絶対に代えてくれなかった。

篠塚　そりゃ一番いいピッチャーが投げてるんだから、逆に代えづらいよな。

――２０２２年は阪神の15完投が最多で、ほかは全部1ケタです。

川口　昭和の時代とは違うからね。

槙原　もともと「先発は完投しなくてはいけない」という時代でしたが、藤田さん時代は、さらに完投に対する意識が強くなりました。三本柱だけじゃなく、木田優夫、香田勲男、宮本和知とか、先発ピッチャーは年齢の近い若手ばっかりだったので、「あいつが完投するなら、俺も！」と、みんなで競って頑張れた気がします。

川口　当時、カープなら津田恒実とか、ストッパーと呼ばれる存在はいたけど、基本的にリリーフは先発より力がないピッチャーがやっていた。俺はマウンドで「次、誰投げるんですか」って聞いて「××」と言われたとき、「じゃあ、このまま投げます」って言ったことあります。

槙原　サダさんだけですよね。マウンドで「代えてください」って言ったの。

定岡　よく覚えているな（苦笑）。

槙原　「どうする？」って言ったら、普通の人はみんな「行きます！」って言うじゃないですか。サダさんだけは「代えてください！」って（笑）。

定岡　それはもう、リリーフの角が全盛期だったからだよ。僕だって、先発ピッチャーは完投してなんぼの時代に育ってきているから、「投げます！」って言わないといけないんだけどね。あのときは相手が左打者だったんで、（左投手の）角が出たら確実に抑えられる場面だった。僕の中のコンピューターが「ここは交代で当然だよな」となったんだ。僕が初めてじゃないか、全体のバランスを考えて「代わります」って言ったのは。そのころからバランス感覚がよかったんだね。

川口　説明すればするほど、わざとらしくなってますよ（笑）。でも、その後も、そういう選手はあまり聞かないですよね。俺が巨人のコーチのとき、杉内俊哉（現巨人コーチ）に「代わるか？」って聞いたら「はい、代わります」って、あっさり言われて、「なんや！」って感じになったことがありましたけど（笑）。

定岡　あいつは鹿実（鹿児島実高）の後輩だから伝統かな（笑）。

川口　そうか、つながってますね。

定岡　僕が「代わります」って言ったときに、マウンドにいた中畑さんと原がガクッとなって、そのあと大笑いしてたのを思い出すね。シノは黙ってたな。いつもクールだからね。

篠塚　その前から「交代させてください」っていうオーラを出してましたからね。やっぱりなという感じでした。

槙原　でも、藤田さんと言いながら、サダさんの話がメーンになっちゃいましたね。

定岡　すみません、藤田さん！

藤田元司

ふじた・もとし●1931年8月7日生まれ。2006年2月9日死去。愛媛県出身。新居浜東高─西条北高から慶大、日本石油を経て57年巨人入団。同年17勝を挙げ、新人王に輝く。翌58年が29勝、59年が27勝で2年連続MVP、59年は最多勝でもあった。その後は故障にも苦しみ、64年限りで現役引退。81年から83年、89年から92年と2期巨人監督を務め、リーグ優勝4回、日本一2回に導く

4th

THE 4TH INNING

奥深き投球術 & 打撃術を語ろう！

楽しくも熱い思い出話が続くが、
皆、プロ野球の歴史に名を残したスター選手だ。
少し踏み込み、ここではそれぞれの投球術、打撃術を尋ねてみた。
どちらも槙原さんのメンバー入り前で、残念ながら
参加いただいていないが、槙原さんの魔球スライダーについては
『青春の多摩川を語ろう!』編に入っています。

※ Part.1、2とも週べ掲載分を再編集

「コースを狙うよりも
真ん中から散らすほうが
有効だなと分かってから
勝てるようになったね」（定岡）

奥深き投球術＆打撃術を語ろう！ Part.1

出席者●定岡正二、川口和久

「カープ時代は巨人戦になると燃えましたしね。全国中継だし」（川口）

――きょうは篠塚さんが所用で欠席ですので、投手ＯＢの２人に投球術について語っていただければと思います。

定岡 川口は巨人キラーと言われてたけど、ジャイアンツ戦に一番勝っているの？

川口 いえ、巨人が33勝で、阪神が36勝です。通算１３９勝ですから、この2チームには、ほんとお世話になっています。

定岡 派手なチームに強いね（笑）。

川口 確かに派手好きかもしれないです。監督の古葉竹識さんからは「お前は気が抜けることがあるから、緊張した試合のほうが力を出せる」と言われ、ローテーションは自然と、お客さんが多く、当時、カープが毎年のように優勝争いをしていた巨人戦を中心に組まれていました。実際、巨人戦になると燃えましたしね。全国中継だし、ガキのころから巨人ファンでしたからなおさらです。当時は中６日なんてルールはないから、中４日で阪神戦、中３日で巨人戦もありました。

――今もルールはありません（笑）。

川口 罰金があるからみんなしないのかと思っていた（笑）。俺は間隔を空けるとダメなほうだったので、そっちのほうがよかったけどね。

定岡 僕の得意は、ご存じのとおりカープ。こっちがどうこうより、相手が勝手にそう思っていただけだけど、そうなったら強いよね。年間３つ以上かな。そのくらい勝つと、相手が嫌がってくれる。見ていて打席で嫌だなって顔をする回数が多くなってくると、もうこっちのもんと思っていた。

川口 80年代のカープ打線はかなり強力でしたが、抑えるコツはあったんですか。

定岡 キヌさん(衣笠祥雄)も山本浩二さんも、どんどん振ってきたけど、いつも真ん中勝負だった。外なんか狙わない。ド真ん中だし、僕は150キロの球があるわけじゃないから、打者は踏み込んで、「おいしい球をありがとう」みたいな顔して打ちにくるでしょ。そこから少し曲げ、芯を何ミリか外せばフライになったり、ゴロになったりする。しかも、打者は「なんでこんな甘い球を打てないのか」って顔をして、次の打席はさらにムキになって同じように振ってくる。コースを狙うよりも真ん中から散らすほうが有効だなと分かってから勝てるようになったね。

川口 コースを狙い過ぎると、球数が多くなったり、フォアボールになって、投球のリズムだけじゃなく、守っている野手のリズムが狂いますしね。まあ、俺は狙い過ぎなくてもフォアボールが多かったけど(笑)。

――カープは機動力野球も売りでした。俊足の髙橋慶彦さんもいましたが、一、二番バッターを出さないように考えましたか。

定岡 もちろん。ただ、僕はけん制に自信を持っていて、塁に出してもそんなに嫌じゃなかった。高木豊(元大洋ほか)や慶彦に会うと、「投球より、けん制球のほうが速かった」って言われるけど、そんなわけない! バカヤローだよ(笑)。

「古葉さんが打倒・定岡のために弟を指名したというウワサも」(定岡)

川口 巨人は俺のフォームにクレームをつけてくるときもあった。二段モーションじゃないかとかね。一瞬プレート板からかかとが浮く癖があるんだけど、「その投げ方はダメだ」って文句言われたこともありました。どっちも審判に確認したら「まったく問題ない」って言ってましたけどね。

――定岡さんへのカープの最終兵器は実弟の定岡徹久さんですね（1983年広島入団）。

定岡　ほんとかうそか知らないけど、古葉さんが打倒・定岡のために指名したと言われましたね。でも実際、一番嫌でした。特に1年目ですね。テツはプロに入ったばかりで、これからアピールしなきゃいけないっていうときだったんで、抑えたら弟のチャンスをつぶすみたいですから。

川口　結果はどうだったんですか。

定岡　確か1年目は2度あって、三振とショートフライかな。

川口　容赦ないですね（笑）。サダさんはお兄さん（智秋。元南海）もプロ。兄弟3人ともプロ野球選手ってすごいことですよね。

定岡　サウスポーの川口に対し、ジャイアンツが右打者を並べたりは？

川口　むしろ、左右のジグザク打線でした。左で外せない好打者が多いチームでしたしね。でも、俺はそのほうがよかった。左打者はシノさん、吉村禎章、クロマティで、その間に右打者の原辰徳さん、中畑清さんが入ってくるんですが、右に打たれても左を抑えればいいと思うと気楽に投げられた。最悪、右は歩かせても左を抑えればいいんですから。

定岡　右バッターへの苦手意識はあったの？

川口　まったくなかったです。アウトローへのコントロールに自信がついてからは特にですね。もともとインコースのクロスファイアと外へのスクリューに自信があったんで、苦にはならなかった。むしろ左打者です。古葉監督から「右打者に打たれるのはベンチとしてはいい。ただ、左打者に打たれたら反省してくれ」と言われていたんで、絶対に抑えなきゃと思っていました。

定岡　サウスポーは左打者には外の球が有効だけど、大事なのは内の使い方なんだよね。

川口　そうなんですよ。外の逃げる球が届かないと言っても、やっぱり内に投げないと踏み込んでくる。入射角の問題で、左投手が左打者のインコースを厳しく攻めるのは難しいので、ずいぶん練習しました。でも、そこに自信を持ってからは楽になりましたね。

——定岡さんは真っすぐ、スライダーのコンビネーションが多かったですよね。

定岡　一軍でスライダーを覚えてからはそうでしたね。ただ、1982年に15勝したときはシュートを投げていた。バッターのイメージがなかったこともあるだろうけど、シュートが少しでも落ちれば、みんなゴロになって面白いようにゲッツーを取れました。それでヒジを痛めちゃったけど。

川口　ゴロを打たせての併殺って快感ですよね。

定岡　うん、僕は三振よりゲッツーの内野ゴロのほうがうれしかった。設計図どおりいったときのピッチャーの快感というのかな。このコースに投げ、このくらい落とせばショートゴロになるっていう計算をして、それが実際できたときの喜びは大きかったね。

川口　僕の場合、巨人戦なら原さんに対して内に見せてから外にスクリュー系のボールを落とすと、大抵ショートゴロでゲッツーになった。右バッター特有の引っかけた打球ですね。右打者はショート、左打者はセカンドに引っかけさせるのは確かに気持ちよかったです。

「あのスライダーは僕への甲子園からのプレゼントだった」（定岡）

川口　サダさんは対戦が嫌だったチームってあり

ますか。俺はヤクルトが嫌でした。

定岡　僕もヤクルトだ。一緒だね。

川口　(同じ広島の)北別府学さんや大野豊さんはヤクルトに強かったんですけどね。

定岡　僕はショートを守っていた水谷新太郎さんが苦手でね。大振りせずに当てにくるんだ。

川口　長打力のある大杉勝男さんやホーナーがいた時代もありますが、ヤクルト打線ってガンガン振ってくるチームじゃなかったですよね。

定岡　そうそう。若松勉さんも振ってはくるけど、ちょこんと当ててもうまかったしね。

川口　7分くらいの力でバットを出してくるような感覚のチームでしたね。ボールもよく見てくるから、コントロールの悪い俺は、フォアボールを出して走者をため、ホームラン打たれて負けるっていうパターンが結構あった。あと、チームで狙い球を絞ってくるじゃないですか。あれが嫌だったな。サダさんのスライダーなら、引っ張らないで逆方向に打ってくるような攻めをされなかったですか。

定岡　うん、あったね。

川口　そもそも、サダさんはいつからスライダーを投げ始めたんですか。最初からじゃなかったですよね。

定岡　僕はずっと真っすぐとカーブで、ファームでもそれでやってきた。ほかの球種なんて、教えられたこともないし、投げようとしたこともなかったんだ。それが、1980年(9月4日)、甲子園での阪神戦で、ストレートの握りをちょっとずらしたら、打者が「あ～」っていう顔をして、見送った。その反応を見て、これは使えると思ったんだよね。もうバッターが誰かは忘れたけど。

川口　その「あ～」がよかったんですね(笑)。たまたま、指がずれたんですか。それとも、わざとちょっとずらして?

定岡　フォーシームだった握りを遊び心でちょっと変えてみたんだ。ゲームの中で、そんなのやったことないけど、ふと思いついて投げたボール。まったく練習もしたことがないのにね。あのとき、高校時代から甲子園でずっとやってきた僕への『甲子園からのプレゼント』だったんじゃないかなと思った。本気でね。高校時代、まったく無名だった僕は、高校3年夏の甲子園出場があったから、巨人に1位に指名してもらえた。プロに入ってからも甲子園で投げていると、なんだか独特の安心感があったんだ。いくら阪神ファンにヤジられてもね(笑)。

川口　新しい球種って、すごく効果的ですよね。バッターの体が反応しないのが分かる。僕は捕手の達川光男さんに、試合中のマウンドで「フォークボールって知っとるか」と言われて、「挟んで投げるんでしょ」って言ったら、「ちょっと投げてこいよ」って。そこからフォークボールを投げるようになったんです。まったく練習もしてないのに。

定岡　それもすごいな。僕はフォークの神様・杉下茂さん(元中日ほか)にフォークの握りを見せてもらったことがある。指に挟んだボールを見せてくれて「このボールを抜き取ってみろ」と。杉下さんは指の力が強いからまったく取れなかった。これは僕には無理かなと思った。

川口　僕も最初はインチキフォークでしたけどね。指が短いからキュッと挟めないんですよ。そのあと、仲がよかった牛島和彦(元中日ほか)に教えてもらって、浅めに握ったスクリュー系のボールを覚えて投げていました。

定岡　へえ、指を見せてよ……。ほんと、短いな。ピアノを売ってんのにね(笑。川口さんはピアノ買い取りCMに出ていた)。ただ、俺はスライダーを投げるようになってから、明らかにカーブが曲がらなくなったよ。

川口　投手あるあるです。スライダーを覚えると手首が寝ちゃうからでしょうね。今はプロでもカーブを投げる人が少ないけど、ちょっともったいない。ゆったりしたカーブを投げると、打者のタイミングをゼロにできるんですけどね。

定岡　1試合でカーブを何パーセントくらい投げていたの?

川口　35パーセントくらいじゃないですか。満塁になったときに達川さんの配球が全球カーブってこともありました。3球カーブでボール球が続いて、そのあとも2球カーブでストライク、最後もどうするかと思ったら、やっぱりカーブ。そんな配球、最近は見たことないですけど、達川さんは、そういうのが好きだったから。

定岡　でもさ、何試合かあったらしいけど、川口と投げ合った印象ないんだよね。

川口　僕は記憶ありますよ。スレンダーなピッチャーだなって、だけですが。

定岡　お前も細かっただろ(笑)。

投球術&打撃術を語ろう! Part.2

出席者●定岡正二、篠塚和典、川口和久

この日は篠塚さんも入ったオリジナルメンバーで、投球術第2弾&打撃術をお聞きすることにした。ただ、なぜか定岡さんが、なかなか現れない……。

「インコースは一番強く振れるんだ。別に苦手じゃなかったしね」(篠塚)

川口　サダさん、珍しく遅いな。忘れているのかな……。一応、LINEしておこう。……あ、既読ついた。

篠塚　先に料理だけ頼んでおこうよ。サダさんは、いつもと同じのでいいんでしょ。あ、電話、来たな……はい、あ、そうですか、分かりました。で、サダさん、いつものすきやき定食、十六穀米でいいですよね？　はい、了解で～す。

川口　なんて言い訳してました？

篠塚　時間を間違えたって。サダさんの家からなら車で20分くらいかな。待っていても仕方ないから始めようか。きょうのテーマはなんだっけ？

――投球術、打撃術です。

川口　この間、シノさんがいないときにサダさんと投球術の話をしたんですよ。今度はシノさんに打者目線も入れてもらおうと思って。シノさん、現役時代、得意だったピッチャーは誰ですか。

篠塚　中日なら三沢淳さん、小松辰雄、ヤクルトなら尾花高夫。大洋だと遠藤一彦さんかな。

川口　みんな右ですね。

篠塚　右はそんなに嫌だと思ったピッチャーはいない。特にアンダースローの三沢さんは、調子が悪いときに当たっても打てちゃう人だった。向こうは顔を見るのも嫌だったんじゃないの。右でも広島の池谷公二郎さんは少し苦手だったな。グラブを突き上げてフォームが大きかったでしょ。タイミングが合わなかった。

川口　わがカープの先輩・北別府学さん（右腕）はどうでしたか。

篠塚　うまかったよね。コントロールもよかったし。でも別に苦手じゃなかった。

川口　落合博満さん（元ロッテほか）も、北別府さんは得意だったって言っていました。

篠塚　コントロールがいいからね。張っておけばいつか来るんだ。広島はピッチャーというより、打席で達川さんがようしゃべりかけてきた印象が強い。達川さんに「シノは外スラ（外角からストライクゾーンに入ってくるスライダー）は打ってこないから、ストライク取るのが簡単だ」と言われ、「その球は最初からは打ちませんから」と言っておいて打ったことがある（笑）。逆に「走者いないときでいいから打たせてくれよ」と言われ、「キャンバス寄りに守るから一、二塁間を抜いてください」と言ったこともあった。実際、少し空けたけど、抜けなかったよ（シノさんはセカンド）。

川口　そういう会話も昭和ですよね。当時は審判とも会話ありました。「あれストライクでしたよね」と言ったら「悪い！」って言ってくれたり。

篠塚　行って来いで、埋め合わせもしてくれたよね。ただ、平光清さんはダメだったな。下手なのに強気なんだ（笑）。一度、完全な外のボールをストライクと言われ、さすがにカッとして文句を言ったら「じゃ、ビデオを見てきなさい」と言われたことがある。初めて本気で審判に怒って、ヘルメット投げつけたからね。

川口　クールなシノさんには珍しいですよね。でも、俺はシノさんに、だいぶぶつけちゃった記憶があります。

篠塚　別に気にはならなかった。カープは原や中畑さんには露骨な球もあったけど、僕は達川さんとしっかりコミュニケーションを取っていたから大丈夫。よく「シノには当てられんからな」と言っていたよ。

川口　たまにうそつきますけどね（笑）。

篠塚　もともと僕はキャッチャーを味方にしようという気持ちがあった。内角を狙われ、カッカして「このヤロー！」とやっていると、向こうも「なんだ、このヤロー！」になるでしょ。だから近くに投げられても平然としていた。あと守備だけど、広島は僕の打席になると、三遊間を狭めてきたんで、そこを抜くのが快感で狙ったこともある。

――篠塚さん、配球のつながりというか、これが来たから次はこれだとか予測しながらやっていたんですか。

篠塚　それはあまりない。僕は、追い込まれるまでは、真ん中からインサイド寄りの真っすぐしか狙ってないんだ。そこに真っすぐが来れば行くし、変化球でも打てると思えば行く。配球を読んで外を狙うとかはなかったね。

――一番速いインコースに目を置くということですか。

篠塚　というか、インコース真っすぐは一番強く振れるんだ。別にインコースは苦手じゃなかったしね。もちろん、2ストライクを取られたあとは、どこでも手を出さなきゃいけない。外の低めを拾って、ショートの頭を越えるようなバッティングは、大抵2ストライクからだよ。

「左投手が左打者のインコースにきっちり投げるのは難しい」(川口)

川口　左バッターは打率の高いシノさん、高木豊さん、長打のあるクロマティ(元巨人)、バース、掛布雅之さん(ともに元阪神)みたいにタイプが2つあったけど、俺は、どちら相手でもインハイ、アウトローが基本だった。左に打たれる左ピッチャーは、大抵インハイが投げられないんですよね。外がポイントと言っても、やっぱりインハイを使えないとアウトコースを広く使えない。アウトコースだけだと踏み込まれちゃいますからね。捨て球じゃないけど、インハイは絶対必要です。外から入ってインコースを見せて、また外、あるいはインコースでファウルさせてカウントを稼いで外とか、そこは徹底していました。

篠塚　腕を下げたスライダーピッチャーは外一辺

倒のときもあるけど、川口みたいな本格派は、インハイ、アウトローはベースになってくるよね。僕も体に近いインハイはやはり嫌だったけど、そういう攻めだと予測しているからデッドボールは少なかった。

川口　でも、左投手が左打者のインコースにきっちり投げるのは難しいんですよ。どうしても真ん中方向への入射角がつくんで、シュート回転をさせるような意識じゃないと、いいところには決まらない。僕は頭を後ろに残したまま手だけ前に出すような感覚で投げていました。

――最初からできたんですか。

川口　いや、時間は掛かったね。あと、対左はインコースでもインハイを磨いた。インローは多少距離が取れるんで、バットコントロールがうまい人だと芯に当てられ、ヒットの可能性もある。右打者のインサイドなら食い込んだり、沈むカット系の球で低めも効くけどね。

篠塚　外でやられるバッターは大抵、インコースを意識しているから、より遠くに感じてボールを追いかけてしまうんだよね。あとは、このコンビネーションができる投手だと、打者が考え過ぎてしまうんだ。次は外だな、と思って、またインコースが来たりすると、「あれ?」って思って、あれこれ考え始めてやられるケースが多い。僕はインサイドを待ちながら外に対応するタイプだったから、それはなかったけどね。僕のバッティングだと、どうせ外は強く振れないし。

川口　シノさんは点じゃなくて線で打つ人だった。引き付けて、すごくヒッティングゾーンを長く使えるというのかな。同じスイングの軌道でポイントを遅らせてレフトに打ったり、ゆるいカーブだったら引っ張ったりもできましたよね。あとはインハイはバットの芯に当ててほしかったんですよ。そうすれば間違いなくファウルだから。でも、シノさんは、それをフェアゾーンに入れられる人でした。同じ左でも違う意味で怖いバッターは巨人の吉村。彼はアウトコースをホームランにしましたからね。

篠塚 あいつは踏み込むタイプだったからね。体をクロスして。

川口 いくらインサイドに投げても、前の肩が絶対に開かないんですよね。それでアウトコースはヘッドを走らせ、最後、ポンとリストを返す。俺たちは体を開かせるためにしつこくインサイドを投げるんですが、それが効かなかった。でも開くと言えば、ヤクルトの八重樫幸雄さんは嫌だったな。正面を向く極端なオープンスタンスでしたが、あれだと顔がはっきり見えてインサイドに投げづらいんです。大先輩ですしね。

——篠塚さんは投手のクセは見ましたか。

篠塚 俺はあまりデータとかクセを重視していたわけじゃないけど、見ていれば分かるものはある。自分の感覚だから人には教えられないけどね。いつもやっていたのは、初球を見て、フォームとボールの軌道を残像として頭に入れておくこと。それで次の球を予測し、1打席目で感じたことは次の打席につなげていた。ただ、これはもう感覚的な部分で……。

(突然、扉が開けられ)

定岡 ゴメン、すみませんでした! 時間を間違えてました!

川口 早かったですね。まだ10分くらいですよ。車じゃ無理でしょ。

定岡 バイクで来た。飛ばしてきたから事故るかと思ったよ。

川口 あれ、ちょうど料理も来ましたね。さすがサダさん、タイミングがいい。

「掛布さんは1球目は振ってこない。最初はびっくりだったよ」（定岡）

――定岡さん、来て早々すみませんが、現役時代、投げやすかったバッターはいますか。

定岡　特に誰というより、おおまかに言えば、振ってくるバッターですね。当時なら、広島みたいなチームが好きで、ヤクルトみたいにミート主体のチームは嫌だった。

川口　当時のカープは浩二さん、キヌさんがいて、クリーンアップは、みんな振ってきましたからね。

定岡　腕の振りをバッターは見てくるでしょ。僕は腕を思い切り振って投げ、芯をずらすカットボールが勝負球だったからね。ホームランバッターは腕の振りとかフォーム全体を見て振ってくるけど、ミート中心のバッターは、ボールをしっかり見て振る。逃げていくカットボール、スライダーに対して右バッターはライト前を意識しているから、曲がったあとを狙っていけるんだろうね。シノはどこを見ていたの？

篠塚　僕は全体ですね。

定岡　あれ？　ホームランバッターだな（笑）。

川口　俺の口を見ていたという人もいた。ひょっとこみたいに口を突き出すとカーブだって。今はビデオでしっかりチェックするけど、昔はなかったから、あとで人に言われて「へえ」になるんですよね。

定岡　今はスマホやタブレットで確認できるからね。昭和は遠くになりにけりさ。

川口　時代の違いと言えば、僕らの時代はクリーンアップが特出し、いいバッターはいいけど、それ以外は非力でヒット狙いだったり、つなぎだった。今はみんなパワーがあって長打があるから攻め方も違ってきますよね。サダさんは、1球目、入りにくいバッターはいましたか。

定岡 掛布さんかな。あの人は、1球目は絶対振ってこなかった。最初はびっくりだったよ。ど真ん中でも見送るんで、なんか不思議な気持ちがしてね。「俺って見切られているのかな」って。

――マウンドでバッターの狙いは分かりますか。

定岡 1、2年目はキャッチャーのミットに無我夢中で投げていて、3年目くらいからバッターの構えや雰囲気が見えてくる。ただ、逆に7、8年になると見え過ぎてしまうこともあるんですよ。もっと新人みたいにガムシャラに腕を振ったほうがよかったなって思うこともあります。そのバランスが難しいんですよね。慣れなきゃいけない、慣れ過ぎてもいけないというか。なんだか奥深いこと言ってますね、僕!

篠塚 遅刻した割にね(笑)。

――分かりにくかったのは。

定岡 高木豊ですね。打席でニコニコしているから何を考えているか分からないんですよ。僕は勝手に〝ニコニコ打法〟と言っていました(笑)。投手だと、大洋の齊藤明雄さんが、いつもニコニコ、いやニヤニヤしてました。あの怖い顔だから、バカにしているみたいに見えて、バッターもコーチもカッカしてましたね。あとで本人に聞いたら「あれは俺のテクニックなんだ」って言ってました。

篠塚 僕のときは笑ってなかったな。得意だったんで、よく打ったんですよ。そのせいか頭に当てられたことがあったけど(笑)。

「スライダー回転でスライドしない球があったのが北別府さん」(川口)

――三振へのこだわりは。

定岡　取りたい気持ちはありましたよ。三振は投手の永遠のあこがれですから、取ったら心の中でガッツポーズはします。だけど、野球は三振の数を競うゲームじゃないですからね。ランナーを出したら特にそうだけど、低めに集めて内野ゴロで併殺にも喜びはありました。しかも、うちには江川卓投手という、八分の力で投げても三振を取れる選手がいましたからね。

川口　チーム内のバランスはありますよね。カープは制球力の北別府さん、変化球が多彩な大野さん、球は速いけど、ノーコンの俺（笑）。いろいろなタイプがいたことで相手は戸惑ったはずです。

――川口さん、三振を狙って取ったことは？

川口　ここは三振を取りたいという場面はある。でも1球じゃ三振にならないでしょ。コントロールのいいピッチャーじゃなかったんで、決めにいくときだけはコーナーを狙ったけど、それまではファウルをしてもらうように考えた。それで追い込んでから狙う。やっぱりゴロだと、野手が捕る、送球をする、一塁が捕るで、3工程あるけど、三振は1工程だからアクシデントが起こりづらい。

定岡　あえてインコースに投げ、バットを折ったときもうれしかったな。「どうよ！」となって試合の流れをつくるときがある。相手ベンチも「きょう定岡の球は来てるぞ」になるしね。

川口　サダさんはカットボールがよかったから、左打者のインサイドに投げ、打ちにいったところをバキンですね。

定岡　うん、あれは気分よかった。

――篠塚さん、バッターは投手の球の回転まで見えるものなのですか。

篠塚　見えるよ。カーブとか遅い球なら縫い目は見える。ただ、回転しても曲がらないときもあるけどね。

川口 スライダー回転でスライドしない球があったのが北別府さんでした。一種の魔球ですよね。

定岡 ピッチャーの投球より速いライナー性の打球でも、人間、必死になると縫い目まで見えるんだよね。僕はピッチャーライナーを頭に当てたことがあるけど、縫い目まではっきり見えたからね。打撃の神様・川上哲治さん(元巨人)が「ボールが止まって見えた」と言っていたけど、確かに集中すればできるのかもしれないなって思った。

川口 カーブの練習でもありましたよ。古いボールに字や数字を書いて打席でじっと見送らせ、「1」とか「あ」とか答えるんです。

——ピッチングで真っすぐのつもりでフォームを始動し、打者の反応を見て、変化球に変えるというのはできますか。

定岡 (あっさり)できますよ。

川口 僕も足を上げたとき、バントの構えが見えたんで、そこからガッと切ってスライドさせたことはある。

定岡 真っすぐの流れで変化球は投げられるんですよ。でも変化球の流れで真っすぐにはできない。そうだ、あとシノに聞きたかったんだけど、ファウルって狙って何本も打てるのかな。

篠塚 できる人はいるのかもしれないけど、意味がないと思いますよ。何球も連続してファウルを打てるなら、ヒットにできるでしょ(笑)。それにファウルが多い選手を見ていると、どう打ってもファウルになるというバットの軌道の選手が多い。だから僕が試合の解説をしているとき、実況が「うまくカットしましたね」と言うと、「これはカットじゃない。打ちに行ってのファウルなんです」と訂正しています(笑)。

川口 高木豊さんにずっとファウルを打たれて、

面倒になって（体に）当てたことがあったな。塁に出たきゃ出ろよって思って（笑）。

――巨人のレジェンド・千葉茂さんがファウル打ちの名人と言われてました。

定岡　おお、千葉さんか。懐かしいな。昔、毎日のように後楽園球場に来ていたんですよ。靴のかかとを履きつぶして、服も高級なものらしいけど、よれよれでした。ふらっと来て、球場の若い警備員に「おじさん、入っちゃダメだよ」って止められていたこともあるらしい（笑）。

篠塚　ドームになってからもいらしてましたが、球場の風呂に選手より先に早く入って、そのあと審判室の畳で寝ていましたね。

定岡　不思議な魅力がある人だったな。

5th

THE 5TH INNING

プロ野球の聖地・後楽園を語ろう!

次のテーマは巨人の本拠地でもあった『後楽園球場』だ。
プロ野球創設期から多くの公式戦を開催し、
『プロ野球の聖地』とも呼ばれた。
1987年限りで、東京ドーム建設のため取り壊されたが、
今なお、ファンは多い。
※週べ掲載分を再編集

出席者●定岡正二、篠塚和典、川口和久

「二軍時代、後楽園に行くのが夢でね。
一軍に上がってからも近くに行くと
気持ちが高まった」(定岡)

後楽園球場前のサダさん（右）とウワサの中井さん

イングリッシュセンター
入口

「広島に行って、最後にお礼を言っておこうかと思ったくらい」（定岡）

川口　サダさん、今回の『後楽園球場』というテーマは僕が思いついたんですよ。僕は子どものころ巨人ファンだったので、天然芝だった時代、長嶋茂雄さんの引退試合とかをテレビで見て、「きれいなところだな」って思っていました。ずっと、あこがれの場所です。

定岡　実際に投げてどうだった?

川口　マウンドに立ったときは、うれしかったですね。ただ、「あれ、こんなにマウンド高いんだ」っていう驚きもありました。広島市民球場は、なだらかでしたからね。

定岡　ジャイアンツは伝統的に右投手の本格派が多いからマウンドの傾斜はあった。そのほうがオーバースローは投げやすいからね。僕も投げやすかったよ。でも一番好きな球場は相手のユニフォームが赤いとこだけどね。

川口　さすがカープキラー（笑）。

定岡　たくさん勝たせてもらったからね。だから、広島市民球場が取り壊されるときは寂しくてね（2010年から解体作業、12年に終了）。冗談じゃなく、広島に行って、最後にお礼を言っておこうかと思ったくらいだった。

川口　俺も一番好きなのは市民球場だけど、投げやすかったのはナゴヤ球場ですね。マウンドの傾斜がちょうどよくて、マウンドからの視界も含め一番でした。

篠塚　僕は横浜スタジアムが好きだったな。甲子園もあったけど、当時としては広かったから、ヒットゾーンが広いように感じたんだ。

川口　横浜は、できたときは大きさで話題になりましたものね。俺も何かの取材で聞かれ、「こんなに広いんですね！」と答えた記憶があります。今じゃ狭いとしか思わないのに。

定岡　東京ドームができたときも「これはホームランが激減する」と言われ、しばらくは実際、減ったけど、今は一番ホームランが出やすいくらいだからね。不思議なもんだな。

川口　打者のパワーアップはあると思いますが、やっぱりボールでしょうね。こすった当たりが逆方向に入ってしまうと、投手OBとしてはガクンとしちゃいます。

篠塚　一番、飛ばなかったのが、できたばかりの福岡ドーム（現PayPayドーム）かな。距離やフェンスの高さ以前に、練習でもまったく飛ばなかったからね。

川口　シノさんに聞きたかったんですが、圧縮バットって飛んだんですか。

篠塚　うん、やっぱりね。

川口　あの焦げたヘッドが好きだったんですよ。

篠塚　圧縮したときに焼くんだ。僕は圧縮バットが禁止になったあと、キャンプでヘッドだけ自分で焼いたことがある。飛ぶかどうかは別にして、焼くと木が強くなるんだよね。

「2階のガラスに映るから。それに合わせて、けん制を」（川口）

――後楽園は日本で初めて人工芝を導入した球場ですが（1976年）、最初は硬くて大変だったらしいですね。

川口　俺は少したってからだけど、コンクリートみたいに硬くて、人工芝にスパイクの歯が刺さらなかった。だからバント処理がものすごく難しかった記憶がある。

定岡　できたばかりのころはもっと硬かったよ。あと滑るんだよな。

篠塚　今と比べると芝が短かったですしね。普通のスパイクだと歯が引っかかるんで、守備用は半分に削って使ってました。最初は打席のときは普通のスパイクに履き替えていましたが、途中からはやめた。特に夏場ですけど、しっかり紐を結んでいたのを履き替えると、緩むというか感覚が違ってくる気がしたんですよ。

川口　スパイクはプラスチックのポイントも流行りましたよね。

篠塚　うん。メーカーも人工芝用には、いろいろ苦労していたよね。

定岡　最初のころ、試合前に人工芝の上で走るとヒザを痛めるから、特にピッチャーは絶対に走らなかった。多摩川で走ってから来たり、近くの小石川公園で走ったときもあったな。

川口　センターに土の部分もありましたよね。僕らはあそこで走りました。

定岡　それはあとで選手がリクエストして、つくってもらったんだ。

篠塚　人工芝は硬かったけど、イレギュラーはない。足でならすこともないから楽は楽でしたよ。ただ、飛び込むかどうかは悩んだ。摩擦で痛いし、皮がベロッとむけるからね。夏でも長そででやってました。

川口　でも、シノさんは、よくダイビングキャッチをしていましたよね。

篠塚　キャンプから、ずっと僕たちは飛び込んで体を鍛えていたからね。体に染みついている部分もある。

定岡　泥だらけにならないと練習にならない気がしたよな。みんな汗まみれ、泥だらけでやって当たり前というか。また、ノックがうまい人がいたんだ。二軍時代は、寮長もやっていた武宮敏明さん（伝説の鬼寮長）が捕れそうで、あと一歩ぎりぎり届かないところに絶妙に打ってくる。それを必死に飛びついていた。

篠塚　いつからか、内野手は飛び込まないのがいい、みたいになってしまいましたね。今はキャンプに行っても選手のユニフォームが汚れてないですし。

定岡　昔は飛びついたけど、もう一歩で届かなかったりするプレーってよくあった。今もファインプレーはたくさんあるけど、ここまでと決めているのか、そういう泥臭いプレーは明らかに減っているよね。合理的になったと言われたらそうなのかもしれないけど、なんか寂しさもある。僕らがおっさんになったからかな。もうちょっとガムシャラな姿を見たい気もするんだけどね。

——篠塚さん、土のグラウンドの内野守備は難しかったですか。

篠塚　球場にもよるね。甲子園とナゴヤ球場はきれいだったから、そんなに大変でもなかったけど、広島市民球場は、かなりデコボコだったな。

川口　ビジターが苦労するから、わざとしていたというウワサもありましたね。でも、外野の芝もデコボコだったんですよ。佐々岡真司（1990年の新人王右腕。前広島監督）がランニングしてると、必ず2回くらい穴に足をとられ、グキッとさせていました。あいつ体、硬いんです（笑）。

定岡　でも、そういうグラウンドのほうが野手の適応力が磨かれる気はするね。とっさの反射的な動きとか。実際、カープはそういう反応がいい選手がいたしな。

篠塚　市民球場でよく覚えているのは、走者が出ると、投手がいつも上を見ていたことです。

川口　そうでした！　球場の2階のガラスに走者とショート、セカンドの動きが映るから。それに合わせて、けん制をピッと投げていたんですよ。

定岡　え、そうだったの！　俺はそんなの知らなかったな。

川口　分かっていたら、もっとカープに勝っていたんじゃないですか。

定岡　シノ、知ってたら教えてよ（笑）。

「パチンコ玉とか卵とか、本気で狙ってくるから怖かった」（篠塚）

――後楽園のバックヤードでは、長嶋茂雄さん、王貞治さんが大きな鏡の前で素振りしている写真をうちでもよく使います。雰囲気ありますよね。

定岡　不思議な場所だったな。ベンチから階段で上がっていくんですよ。広くないし、奥にトレーナールームがあるんで、ほぼ通路です。怖い顔してブンブン振ってる人がいるから、危なかったですけどね。

篠塚　あの鏡、まだドームにあるらしいですよ。

定岡　あれは歴史だよね。でもさ、今はドームになって、試合の雨天中止がないし、暑くも寒くもないから選手もお客さんも快適だよね。素晴らしいと思うよ。ただ、こう言うと時代に逆行するのかもしれないけど、僕は野球は外でやったほうがいいと思う。風を感じながら、ナイターなら星や月を見ながらね。

篠塚　僕もそうですし、そう思っているお客さんは多いと思いますよ。

定岡　ドームはどうしても似た感じになるけど、屋外の球場には、それぞれ独特の雰囲気がある。甲子園には、身が引き締まるような感覚が選手をやめた今もあるし、神宮は空気がいい気がするよね。近くに緑があるからな。

――応援の仕方も変わりましたね。

定岡　今は途切れることなくずっと応援が続いていて、それはそれで素晴らしいと思います。ただ、当時は選手と一緒に喜怒哀楽を出すというのかな。静かなときや、ため息をつかれることもあったけど、昔のほうがお客さんとともに試合をつくっていた感覚が強かったですね。

川口　後楽園は応援も拍手が中心でしたよね。

篠塚　太鼓と笛はあったけどね。

川口　そうでした！　ベンチの上でオジさんが音頭を取ってやってましたね。でも、ほかの球場に比べたらすごく静かだった。「ああ、東京の人って紳士なんだな」って思ってました。

定岡　後楽園はそんなにひどいヤジはなかったよね。阪神ファンが騒いでいるときはあったけど、あまり気にならなかった。

篠塚　やっぱり広島、ナゴヤ、甲子園ですね。よくヤジられたし、ヤジだけじゃなく、物も飛んできました。

川口　広島は味方でもヤジられますから（笑）。

篠塚　あそこでベンチ前のキャッチボールの相手をしたくなくてね。若手だからどうしても組んでやらされるんだけど、すぐ客席から「邪魔だ、座ってろ！」と怒鳴られる（笑）。

定岡　ナゴヤもブルペンがグラウンドの横で、いつも酔っぱらいが試合も見ないでネットにへばりついて絡んできた。甲子園もラッキーゾーンにブルペンがあったときはひどかったな。弁当とか、ビール缶がどんどん飛んでくるんだ。

篠塚　試合前に外野でランニングをしていても、パチンコ玉とか卵とか、本気で狙ってくるから怖かったですよね。

「ドームになったけど、いまだに近づくとワクワク感がある」（定岡）

定岡　後楽園の外だけど、シノ、途中から橋ができたの、覚えている？

篠塚　もちろんです。隣に競輪場があって、選手はその地下に車を止めていたんだけど、ファンが多くて駐車場から球場の選手入り口に行くまでに囲まれてしまう。それで上から行けるように橋ができたんですよね。

川口　これは後楽園だけじゃないけど、昔はダフ屋もいっぱいいましたね。あれも懐かしいな。

篠塚　合宿所から通っていた時代は、デーゲームが大変だったね。中途半端な時間だと、高速が混んで、なかなか東京に入れないんだ。だから朝6時くらいに出て、球場に入る前に、立ち食いそば屋でそばを食べ、駐車場の車の中で寝ていたこともあるよ。

定岡　へえ、俺はそんなに早くなかったけどな。

篠塚　中井康之さんの車に乗せてもらっていた若手時代ですけどね。若手の野手はいろいろやることがあって早いんです。

川口　僕が巨人に入って最初に東京ドームに行ったときは（1996年）、家から2時間かかって遅刻しました。マネジャーさんに「はい、川口君、遅刻ね、罰金ね」って。FAであれだけ来てくれ、来てくれって言われて入ったのに、いきなり罰金かよって思った（笑）。でも、空いていたら1時間もかからない距離なのに、東京ってこんなに車が動かないんだって、びっくりしました。

定岡　僕は二軍時代が長かったこともあるけど、ずっと後楽園に行くのが夢でね。だから一軍に上がってからも近くに行くとソワソワした。高速を降りて球場に近づくと、まず黄色いビルが見えるでしょ。それで気持ちが高まった。僕は今でもそのワクワク感がうっすらだけどある。ドームになったし、こっちは選手でもないけど、独特の空気感があるんだ。

篠塚　そうですね。僕もあります。

川口　僕もです。僕は、どの球場にも、いまだに入るときのドキドキってあります。解説の仕事だし、自分が投げるわけでもないのにね。

定岡　これは元プロ野球選手のあるあるかもしれないね。

壊される後楽園球場と完成間近の東京ドーム（1987年）

6th

THE 6TH INNING

開幕戦を嫌々? 語ろう!

次なるテーマは『開幕戦を語ろう!』。
定岡さん、篠塚さん、川口さんの顔合わせで、
2021年開幕直後に収録したものだ。盛り上がるかと思ったが、
3人ともあまり開幕にはいい思い出がなく、
早めに終わってしまった。
※週べ連載分を再編集

出席者●定岡正二、篠塚和典、川口和久

「あのホームランはほんとにいいの?
って感じでベースを
回っていたけどね」(篠塚)

「あの一件で、今年は絶対いいことないと思ったよ」（篠塚）

——今回のテーマは『開幕戦の思い出』です。

定岡　開幕か……（ちょっと寂しそう）。

——開幕と言えば、篠塚さんの1990年の巨人—ヤクルトの開幕戦（4月7日、東京ドーム）が印象的です。ヤクルトの野村克也監督が執ように抗議してました（かなりファウルっぽいライトへのホームランだった）。

川口　ああ〝疑惑のホームラン〟か。

篠塚　ギャオス（内藤尚行投手）とのね。あの一件で、今年は絶対にいいことないなと思ったよ。案の定、いいことなかったなあ（腰痛もあって71試合の出場にとどまる）。

川口　あの判定は、実際に見ていてどうだったんですか。

篠塚　ラインの1メートルか2メートルくらいの幅で飛んでいった。けど、打った本人は打球が切れていくのが分かる。だから、一塁に向かう途中で止まったんだ。これ、切れるなと思ってね。それで戻ろうと思ったら、審判が手を回している。もう打ち直しするわけにはいかないでしょ。

川口　結局、ジャッジは変わらなかったんですか。

篠塚　変わらなかった。今みたいにリクエストもないしね。はっきり言えば、ほんとにいいの？って感じでベースを回っていたよ。自分としてはすごく嫌だった。ギャオスがマウンドで叫んでいたことは正しかったんだよ（ヒザを着け、「ファウルでしょ！」と叫んでいた）。

川口　サヨナラホームランでしたっけ。

篠塚　いや、8回裏の同点2ラン。試合は延長14回にサヨナラ勝ちした。

——川口さん、開幕投手は何回ですか。

川口　嫌な質問するね（苦笑）。実は俺、開幕投手は1回だけしかないんだよね。

定岡　カープは、ほとんど北別府学だったもんね。

川口　そうですね。ほぼ北別府さんで、時々、大野豊さんでした。それが一度だけ開幕投手になったんですよ。あれはいつだったっけな……。まあ、はっきり言えば、そのくらいどうでもいい思い出なんですけどね（1992年だった）。俺が巨人に強かったこともあるんだろうけど、当時の山本浩二監督に「お前しかいない！」と言われて開幕の巨人戦でマウンドに送り出されたら、いきなり雨天ノーゲーム。スライドで次の日に投げて、結局4点取られて途中交代かな。シノさんじゃないけど、その年はリズムが最悪で、6年続いていた2ケタ勝利が途切れちゃった（8勝12敗）。開幕投手なんてやるもんじゃないなと思いました。

定岡　いいじゃん、1回あれば。俺はないんだよ。15勝した1982年の翌年に開幕投手の話が来るかなと思ったら、2戦目だった。藤田元司監督からは「定岡、お前はいつでも開幕のチャンスがあるから、今年は2戦目で」って言われて「はい！」って答えたんだけど、そのあとずっとチャンスは来なかった（笑）。投げたかったけど、江川卓選手、西本聖の2人がいたからね。僕の開幕投手は遠い夢でしたよ。1回はやってみたかったなあ……。でも、あのとき藤田監督が、そう言ってくれたのはうれしかった。

川口　開幕戦は空気が違うんですよね。あの開幕の重たい独特の空気を切り裂かなきゃいけないと思うと、俺は気が重くなった。1回で十分です。

定岡　開幕投手の重圧は相当なものだよね。あの江川選手がピリピリしてたもん。

川口　僕のときは、1週間くらい前からしゃべるのも嫌だったんですよ。メシ食ってもまずいし。

定岡　昔と違って、今の選手は開幕投手と言われてもケロッとしてるよね。１４３試合分の１と割り切っているのかな。シノ、野手はどうだった？

篠塚　オープン戦からやってきて、開幕まで間がちょっと空くじゃないですか。僕は重圧とかいうより、早く始まってほしいという気持ちのほうが強かったですね。野手はそういう人が多いかもしれない。

川口　野手は打てなくても次の日がありますしね。僕は開幕カードの3戦目に投げることが多かったけど、開幕戦でエースが勝ってくれるとなんとなくうれしかった。連敗で3戦目になると、また別の嫌な雰囲気になるんで。

――開幕にゲン担ぎはしましたか。

定岡　鯛の尾頭付きとかさ、そういう儀式はよく聞きましたね。江川選手はヤクルト戦の前はヤクルトを飲んでたみたい。シノはなんかあった？

篠塚　僕も鯛の尾頭付きでしたよ。

定岡　鯛!?　シノは銚子出身だから鯵(あじ)じゃないのか（笑）。でも、なんかおごそかでいいよね。

篠塚　はまぐりのお吸い物もあったな。

「開幕って正月なんですかね。俺はキャンプインのほうが」（川口）

――開幕戦のとき、長嶋茂雄監督は選手を集めて何か決め台詞を発したりしたんですか。

川口　訓示はありましたよね。

定岡　うん。でも特別に開幕戦だからという言葉はなかった気がする。

篠塚　「野球選手にとって正月だから」というのはよく言ってましたよ。

定岡　ああ、そうだったな。

川口　開幕って正月なんですかね。俺はキャンプインのほうが、それっぽい気がするんだけど。

定岡　あ！　ミスターを否定したな（笑）。でも、どうしても開幕を獲りたいという内に秘めたものは伝わってきた。ミスターは全試合勝ちたい人だったしね……。あと『開幕戦』って何かあったかな……。グッチ、考えて！

川口　俺はこんなもんかな……。今回はサダさん話が一番少ないですよ。

定岡　実際、あまり思い出がないんだよね。何かあったかな……。そうそう、開幕戦じゃないけど、開幕シリーズの話で、１９８１年の開幕２戦目（４月５日、後楽園、対中日戦）はよく覚えている。石井昭男選手の打ったものすごいライナーが当たった。おでこの右側にね。あ〜、俺のお正月が大変なことにと思った……。シノ、見ててびっくりしただろ。

篠塚　跳ね返った打球が三塁ベンチまで飛んでましたからね。

川口　大丈夫だったんですか。

定岡　もう頭半分が吹っ飛んだと思った。ボールが近づいてくるとき、すごく大きく見えて、ソフトボールどころじゃない。バスケットボールみたいなのが飛んできた感じだった。お医者さんには、もう少し横に当たっていたら死んでたって言われたよ。でも、このあと、復帰登板で1安打だけの準完全試合をし（4月11日、甲子園、対阪神戦）、初の2ケタ11勝を挙げてと、一つのきっかけになった試合ではあった。

川口　当たり年になったんですね。

定岡　うまい！　これで締めましょう（笑）。

7TH INNING STRETCH

昭和のボールパークに連れてって！

シノさん

マキさん

グッチさん
夫妻

サダさん
ARIZONA STA
BASEBALL

7th

THE 7TH INNING

高校野球を楽しくマジメに語ろう!

川口さんに代わって槙原さんが初登場の回になる。
テーマは高校野球。3人とも甲子園を沸かせた男だ。
取材は2021年夏の甲子園が終わったあとだが、
新型コロナの感染拡大防止のため前年の大会は中止。
この年もさまざまな制限があった。

※週べ連載分を再編集

出席者●定岡正二、篠塚和典、槙原寛己

「段階を踏んで成長していく
選手が減ってきたよね」(篠塚)

槙原さんを加えた新メンバーの1回目とはいえ、時間と場所は、昼下がり都内のいつもの和食屋さんは変わらない。最初に到着は一番年下の槙原さん。そのあと定岡さん、篠塚さんが現れ、今回もやっぱりゆる〜く始まった……。

「サダさんとは一軍に上がってから、ずっと一緒にいましたもんね」（槙原）

定岡 マキ、もう来てたの？

槙原 当然ですよ。ジャイアンツ時間ですから、30分前です。

篠塚 あれ、今回、川口は？

──甲子園の思い出話もお願いしたかったのでお休みいただき、代わりに槙原さんにお願いしました。

篠塚 そうか、甲子園は出てなかったもんね、川口は。でも、いたらいたでなんか話してたと思うよ、あいつも。

定岡 分かってやれよ、ベーマガさんも4人も呼ぶとギャラが大変なんだ。

──鋭過ぎます（笑）。でも、マキさんは、『昭和ドロップ！』を読まれていたようなんで、いつかはと思っていたんですよ。

槙原 面白いですよね！「一度、呼んでください」とサダさんに言ってたんです。

──サダさん、マキさんの最初の印象は。

定岡 シノとの最初はよく覚えているんですけど、マキは覚えてないな。

槙原 僕は1年目（1982年）、ずっと二軍だったんですけど、秋季キャンプ中に阪神戦があって、そのとき一軍に行かせてもらって投げたんですよ。江川卓さんや西本聖さんとは写真を撮らせてもらっているんですが、サダさんは写ってなかったな。シノさんや原辰徳さんもいましたけど。

定岡 俺だっていたはずだけど、印象薄かったかな。でも、マキとは10年くらい一緒にやっていたような気がするけど、実質3年しかやってないんだよね。

槙原 一軍に上がってからは、ずっと一緒にいましたもんね。急にいなくなって寂しくなっちゃいました（1985年オフ、近鉄移籍を拒否し、引退）。そしたら、しばらくしてテレビ番組をやってるから「あら～、サダさん、元気そう」って（笑）。

定岡 僕とマキとは、そういう関係です（笑）。でも、最初のころ、ブルペンで見てたときは、球は速いけど、どこに行くか分かんなかった。イキのいいピッチャーだなとは思ったけどね。

槙原 自分でもどこ行くか分からなかったですよ。投げ方も分からないし、力いっぱい投げるのがピッチャーだと思ってましたから。

定岡 今と違ってほっそりしてて、うちのおふくろが後ろ姿を見て、僕と間違えたことがあるぐらいだったね。

槙原 僕も言われました。「定岡さんみたいだ」って。顔は違いますけど、体型がね。

定岡 だいぶあとになってからだよな、せんだみつおさん（コメディアン）に似てるとか言われたのは（笑）。

篠塚 僕もマキに関しては球が速いとまず思った。でも足腰が弱いっていう印象があったね。

槙原 足が細かったですからね。

定岡 そう、こける、こける。すぐこけるの（笑）。

篠塚 ちょっと内股なんだよな。

槙原 そうでしたね。

篠塚 でもさ、若いピッチャー見ていると、大成していく選手は年々、体も成長していく。それはマキにも思っていた。確実に体が大きくなっていったし、もともと、あれだけのボールを持っていたしね。

——では、お題に入ります。甲子園に出ていない川口さんを外してまで選んだ『高校野球』です。

定岡　ごめん、グッチ！（笑）

槙原　今の選手はかわいそうだなと思いますね。部活動が制限され、新型コロナで辞退があったり、お客さんも入れなかったりしているでしょ。去年（２０２０年。春夏とも甲子園大会は中止）のほうがもっとかわいそうだったけど、今年もやっぱり大変ですね。

定岡　今、野球だけじゃないけど、コロナで日常をなくして大変じゃないですか。しかもなかなか終わりが見えない。僕らおっさんの2、3年って、ふっと忘れられるけど、中学、高校の2年、3年ってすごく大きいですよね。

——18歳なら2年は9分の1、3年なら人生の6分の1がコロナですからね。

定岡　高校生の2、3年って、人生の半分以上が削られているという感覚だと思うんですよね。

槙原　でもサダさん、僕らの年齢でも2、3年は大きいですよ！　返してほしいですよね。

定岡　それを言うなよ、マキ。俺たちはいいんだ。我慢しよう！

——槙原さんは甲子園で147キロを出して話題になりましたが、今、トップレベルの球児は普通に150キロ台を出します。あくまでスピードガンの数字ではありますが、実際、レベルが上がっているんでしょうか。

槙原　全体のレベルは明らかに上がっていると思います。一つは、体の大きさの違いでしょうね。一番思うのは、太ももです。半端ないでしょ、太さが。今はウエート・トレもガンガンやるし、食べ物もよくなって、普通にプロテインも摂っている。昔はメシを食って体をでかくしろって言われたけど、そんな食えないですしね。トレーニングもランニング系が多く、器具を使ったウエートはあまりしてなかったから、みな細身でした。

定岡　水も飲めなかったしね。

槙原　そうそう、ばてるからと言われて。僕らはトイレの手洗い場でこっそり飲んでました。あと僕らのころはだぶだぶのユニフォームだったから、余計細く見えたのかもしれませんね。今はピチッとしているでしょ。

定岡　昔の高卒は、体ができてない状態でプロに入って2、3年は体づくりだった。俺は5年かかったけど。

槙原　インターネットでトレーニングや体づくりに対する情報が入ってくるのも大きいでしょうね。

定岡　ここでかましておこうか！　ただ、根性だけは俺らのほうがあるけどね！（笑）。でも、これって昔と同じだよね。「俺らは戦争を経験してるから根性がある。お前らはなんだ！」ってよく言われたからな。

槙原　球種も僕らのころは真っすぐとカーブくらいしかなかったけど、今はカットボール、スプリットと、いろんな球種を投げる選手がたくさんいますよね。

篠塚　チェンジアップとかスライダーもすごいよね。びっくりすることがある。

定岡　でも、逆に器用貧乏になっちゃってるんじゃないかな。まずは真っすぐを磨いて、変化球は、それからでいいと思うんだけど。

槙原　僕も、かえって邪魔していると思うんです。プロに行ってからの伸びしろがなくなっちゃうというのかな。全員が全員とは言わないですけど、入ってから伸び悩む選手もいますしね。

定岡　体もそうだよね。筋肉ムキムキの選手もいるけど、あそこまで鍛えるのは20代でいいんじゃないかと思う。

篠塚　マキが入ったときみたいに、1年1年体が大きくなって球が速くなり、技術も徐々に段階を踏んで成長していくという選手が減ってきた気がします。投手も野手もだけど、早めにこじんまりまとまってしまうというのかな。

「まったく知らない人が教えに来て、そのままコーチになった」（篠塚）

槙原　サダさんは甲子園出場2回ですよね（鹿児島実高）。

定岡　そう、俺の2年のときが鹿実の初出場だったんだ。

槙原　お兄さん（智秋。元南海）は甲子園に行ってないんですか。

定岡　行ってない。3年のときは決勝まで行って鹿児島玉龍高に負けたんだ。

――定岡さんは3年生の夏も甲子園に出場し、原さんが1年生でレギュラーだった東海大相模高との熱戦で人気が爆発しました。

定岡　あの出会い（1974年、夏の甲子園準々決勝で対戦）は衝撃的でしたよ！　僕が3年のときの1年生。こっちが2年先輩ですから、抑えて当たり前だと思っていたけど、ベストピッチと思った外のボールを打たれた。5打数3安打かな。当時の僕らの感覚だと、1年生は夏まで球拾いや走ってばかりで、バットも握らせてもらえないでしょ。それが打席で頭より上に大きく堂々と構えてね。ただ、チームは僕の決勝打で勝ちました（延長15回、5対4で完投勝利）。妙なところで勝負強いんですよ、僕は。あの年の甲子園は、5割くらい打ってるんじゃないかな。最後までゾーンに入ってました。

――東海大相模高戦は、予定時間を過ぎてＮＨＫのテレビ中継が途中で終了し、苦情の電話が殺到

したという伝説の試合ですよね。

定岡　らしいですね。ただ、あの試合は勝ったけど、準決勝はサヨナラ負けでした。僕はケガしちゃって途中で外れて。

――その大会で優勝したのが、2年生の篠塚さんですよね。銚子商高は強豪でしたし、甲子園に絶対に行くと思って入ったわけですか。

篠塚　絶対に行くって思ってたのは中学のころからだね。その前からプロを意識していて、まずは甲子園に出ないとプロのスカウトに認めてもらえない。認めてもらうためにも行かなきゃいけないっていう感じかな。

槙原　シノさんは、中学のころから有名な選手だったんですか。

篠塚　うん、一応ね（サラリと）。

槙原　甲子園で優勝したのは土屋正勝さん（のち中日ほか）がエースだったときですよね。それはなんとなく覚えているんですよ。

――篠塚さんは2年生ながら四番サードでした。

槙原　2年生で？　すごいな、やっぱり。

定岡　銚子商って猛練習なの？

篠塚　厳しいですね。ナイター設備があったから練習も長いんですよ。

定岡　ナイター設備があるなんて、やっぱり関東だな。九州は、なんもなか（笑）。

槙原　桜島が噴火したときの火山灰は影響あるんですか。

定岡　あるよ！　雪みたいに降って走っていられないときもあったからね。

――当時の鹿実の練習もきつかったでしょうね。

定岡　もちろん！　あのころ、うちの学校の練習に理論とかはなかった。ほんと根性だけです。軍隊の練習みたいで、試合になると、「お前ら、死ぬ気でやれ！」って。それでよく育ったなと思います。シノ、銚子商は監督の鉄拳はなかったの。

篠塚　監督はないですが、先輩はね。上下関係は厳しかったですよ。

槙原　当時はどこでもそうでしたね。

篠塚　高校野球じゃないけど、中学校のとき、まったく知らない人が突然、教えに来て、そのままコーチになったことがある。すごく怖い人で、昔、ジャイアンツにいたって言うんですよ。練習も厳しくてね。打撃練習で投げてくれたんだけど、審判を学生がやっていて、いい球をボールって言われたりすると、機嫌が悪くなって、「もうやめ！　みんな守れ」って特守。そこでエラーしたらホームでケツバットよ。

槙原　出た、ケツバット（笑）。

篠塚　きつ過ぎて、同級生のいい選手がどんどん野球部をやめてっちゃった。学校の横が家で、今も覚えてるけど、ナンバーが×××のブルーバードで来るから、車があるかどうか交代で偵察に行く。「よし、きょうは車があるから来ないぞ」とかね。でも、時々、カブ（バイク）で来たりするんだけど（笑）。

定岡　で、そのオジさんの正体は……。

篠塚　プロに入ってから名前を聞いたらそんな人いないって（笑）。

定岡　やっぱり、単なる野球好きのオジさんだったんだな（笑）。でもさ、監督の車のエンジン音って分かるよね。うちのグラウンドは山の中腹にあったけど、監督の車の音が聞こえると、空気がピリッとしたからね。

槙原　うちもそうでした。たまに違う車で来たりするから気を付けないといけないけど。

定岡　それあったね。油断してるから一瞬、パニックになるんだ。

槙原　それは高校球児あるあるです。

「行けなかった人も力にしてるし、宝物にしてるよね」（定岡）

篠塚　マキの甲子園出場はセンバツだけだっけ。

槙原　はい。夏の愛知は工藤公康（元西武ほか）がいた愛工大名電高が出てます。僕らもナイター設備があったから練習は長かったですよ。

定岡　愛知県もナイター設備あったのか、なんか悔しい（笑）。

槙原　定時制があったんで、グラウンドにライトがあったんですよ。

定岡　朝練はあった？

槙原　朝練は基本ないです。でも、朝練ってきついでしょうね。体もそうだけど、前の日に洗濯したユニフォームが乾かないでしょ。

定岡　高校野球は、練習だけじゃなく、そういう用具関係の大変さはあるよな。寮だと洗濯当番の下級生が乾燥機の取り合いで大変だったって話も聞くもんね。僕が覚えているのはボールかな。数が少ないから、1年生が練習用の古くてほどけたボールの縫い目を縫い直していた。マキのところはどうだった？

槙原　僕らも授業中に縫ってましたよ。

定岡　僕も授業中だった。1人2個担当で、「家でやれ」って言われるんだけど、帰ったらもう疲れてできないんだ。

――高校野球の思い出は甲子園の晴れ舞台だけじゃないんですね。

定岡　両方ですよ。もちろん、甲子園は僕の中の大事な思い出です。でも、それだけじゃないというのか、その過程もあるじゃないですか。若いときは旅をしろとか、苦労しろとか言うけど、今になると、そういうことがたくさん思い出される。

槙原　高校時代は、若くて体も耐えられるようにできてましたしね。それに、そのときに楽をしてると、そのあとの人生で歯をくいしばるときにくいしばれない気がします。野球やっていたら大体の理不尽は大丈夫ですから。

定岡　思うようにいかないことのほうが多いからね。あのときの苦しさや厳しさを経験していると、みんなプラスに考えられる。苦しかったけど、人生を豊かにしてくれるものでしたね。

槙原　ただ、この3人に共通しているのは、みんな甲子園に行けていることなんですよ。甲子園に行くと、全部そこで精算できるんです。苦労や努力が実って、すべていい思い出になるというか。

定岡　でもさ、グッチもそうだと思うけど、行けなかった人も人生の中で力にしてるし、宝物にしてるよ。高校時代の話をすると、みんないきいきするもん。

槙原　うん、確かにそうですね。時々、球児の親御さんに話す機会があるんですけど、「甲子園に行くとかプロに行くなんて稀なこと。それより多感な時期にほかの道にそれないだけでもいいことだと思います。お父さん、お母さん、いろいろ大変なことも多いけど、我慢してやったらすごくいい教育だと思いますよ」と言っています。

定岡　どうです？　マキもたまにはいいこと言うでしょ(笑)。

槙原　落としてばかりじゃなく(笑)。

定岡　あと、同じことをやった人しか分からない共有できるものがあるんですよ。同じ元高校球児だと、こうやって別の学校、別の年代でも分かり合えるというか。シノなんて、僕が18歳で出会って、こっちはもう65歳（当時）になるのに、まだ隣にいて、野球の話で盛り上がれる。それも野球の力だと思いますね。

鹿児島実高時代のサダさん

銚子商高時代のシノさん

大府高時代のマキさん

8th

THE 8TH INNING

巨人の愛すべき助っ人たちを語ろう!

川上哲治監督時代まで〝純国産主義〟を
取ってきた巨人だが、長嶋茂雄監督時代から
他チーム同様、続々、助っ人たちがやってきた。
ここでは巨人の歴史を彩る、
たくさんの助っ人たちの思い出話といこう。
※週べ連載分を再編集

出席者●定岡正二、篠塚和典、槙原寛己

「ベンチでライトが投げた瓶、
『ライトビアー』だったりして(笑)」(槙原)

「ジョンソンを見て、メジャーってこんなもんかと思いました」（篠塚）

——巨人の外国人選手をテーマにしたいと思います。『週刊ベースボール』の香坂英典さん（元巨人広報）の連載（『裏方が見たジャイアンツ』）の中で、定岡さんとシピン（大洋から移籍し、1978—1980巨人在籍。以下カッコ内は同）の話があって思いついたテーマです。

定岡　香坂が俺の変な話を書いていたんですか！（香坂さんは現役時代投手。定岡さんの後輩で篠塚さんは同学年だった）

——シピンがパンツを履かずにジーンズを履いていたのを、定岡さんがマネしていたのでは、という話でした。

定岡　違う！（笑）。なんでそんなことしなきゃいけないんですか！　僕が見つけて言ったんですよ。「シピンがパンツを履かないでジーンズを履いてたよ！」って。

槙原　パンツ忘れたんですかね。

定岡　まさか！　ラインが出るのが嫌なのかと思ったけど、ジーンズだから、それも違う気がするけどな。

——Tシャツをガーッと下ろして、あそこを隠して、その上からジーンズをパッと履いたらしいですよ。

篠塚　挟まないようにしたんだな（笑）。

槙原　いやあ、それでもどっちかの皮が挟まりそうですよ。痛そうです（笑）。

定岡　マキ、お前の言い方はなんか下品（笑）。それ以上はやめなさい。書けないことばっかりになるから。

篠塚　トマソン（1981—1982）の×××の話はどう？

槙原 トマソンの×××が×××という話ですか。僕のYouTubeでも言えません（笑）。

定岡 シノもマキもやめなさいって！

槙原 そう言えば、サダさんとジーンズの逸話もありましたね。

定岡 あれか！「定岡はジーンズが入らなくなるから、ご飯を食べない」というバカな話だろ。

槙原 でもほんとでしょ？

定岡 バカヤロー！

槙原 今までプロ野球選手でそれを言ったのは、サダさんと阪神時代の新庄剛志（現日本ハム監督）だけですよ。新庄もスタイルが悪くなるから下半身が太くなるような鍛え方はしないって言ってましたから。

定岡 新庄はほんとかもしれんけど、俺は言ってないって！新聞記者が面白おかしく書いただけ！

槙原 サダさんが、最初にジャイアンツに入ったときの外国人は誰でしたか。

定岡 トマソンかな。

篠塚 〝トマ〟ソンじゃない。〝ジョン〟ソン（1975―1976）でしょ。

定岡 分かってるって。つかみでちょっとボケただけだよ。僕はジョンソンと結構、仲よかったからね。当時は二軍だったけど、バッティングピッチャーで一軍に行っていたし、僕はちょっと英語しゃべれるんで……。いや、うそ（笑）。フレンドリーだからです。そのあとメッツの監督になって世界一になったときはうれしかったな（1986年）。当時はロッカールームで下を向いている姿ばっかり見てましたからね。1年目はまったく打てなかったから悩んでいる姿しか思い出せないんですよ（1年目は打率・197）。助っ人は一人だったし、ネットで情報を仕入れたり、家族や友達とLINEができる時代ではない。昔の外国人選手は大変だったでしょうね。途中からミスター（長嶋茂雄。当時監督）が、すごく「こうだぞ、こうだぞ」とバッティングを教えていたのも思い出します。

篠塚　ジョンソンは、メジャー・リーグでバリバリだった選手を獲ったというイメージがあったじゃないですか。でも、メジャーってこんなもんかと思いましたね（あっさり）。

定岡　おっ、さすがシノ（笑）。これはカットせず書いておいてくださいね。シノは成績を残してるから言っていいんです。でも、ジョンソンも2年目はそれなりに打ったし、右中間の打球はよく飛んだよね（右打ち）。

篠塚　流すのではなく、引っ張るんだけど、向こうに飛ぶ。遅れてバットが出てくる二岡智宏（元巨人ほか）みたいな感じでしたね。

「ライトはケンカして目の周りを腫らしてたことがあった」（定岡）

定岡　クレイジー（クライド）・ライト（1976―1978）もいた。息子のジャレットもメジャー・リーガーになったんだよね。ライトは、ボールは全然速くなかったけど、速く見せる術もあった。2ケタもあったよね（1977年11勝）。

槙原　宮崎のうどん屋（キャンプ地の宿舎近く）に写真が飾ってあるじゃないですか。審判とケンカしてるやつ（笑）。

篠塚　審判に顔をくっつけてほえまくっている写真ね。ライトは、すごくケンカっぱやいんだよ。

定岡　誰とは言わんけど、投手コーチとケンカになりそうになったこともあったな。俺がベンチの後ろにいたら、ユニフォームをいきなりビリビリ破って、怖えなと思ったら、ヒューッという音がして、瓶が飛んできたんだよ（笑）。

槙原　誰が投げたんですか。

定岡　ライトだよ！

槙原　危ないですね。

定岡　危ないよ！　頭のすぐ後ろだぜ。

槙原　ライトが投げた瓶、『ライトビアー』だったりして（笑）。

定岡　うまい、さすがマキ（笑）。でもコカ・コーラでした。そう言えばケンカして目の周りを腫らして球場に来たことがあった。西部劇かと思ったもん。西部劇って、すぐケンカになるじゃない。

槙原　誰とケンカしたんですか。

定岡　パ・リーグの選手とかヤクルト時代のマニエルとか聞いたけど、定かではない。

槙原　僕の入団年はロイさん（ホワイト。1980—1982）とトマソンでしたが、ロイさんもいい選手でしたよね（ヤンキースで通算1803安打をマーク）。

定岡　ロイ・ホワイトは守備もうまくてね。打球の読みがいいんだ。「ヒットを打たれた！」と思って振り向いたら、そこにいたからね。

篠塚　センターで判断力もよかった。最初の一歩がすごく早かったですね。

定岡　足も速そうに見えないんだけど、結構速いんだよ。ヒットになりそうな打球に追いつくときの速さはすごかった。あとさ、面白かったのは、グラブから手のひらの下を出してるんだよね。

篠塚　出してましたね。珍しいですよ、外野手で。俺は（手のひらの下）半分くらい出してたけど。

槙原　守備のうまい人はそうなんですよ。サダさんもそんな下手じゃなかったですよね。

定岡　下手なお前に言われたくない（笑）。

篠塚　入れるのは、親指が引っかからないところくらいまでですよ。グラブがブラブラするような感覚です。

定岡　わざと入れないようにしてるの。

篠塚　指が行かないところで止めてるんですよ。無理してぐっと入れようとは思わないんで。

槙原　ロイさんは外国人にしては足が短かったですよね。

篠塚　それで細かったよね。ほんとにメジャーでやってたのかなっていうくらい。

定岡　上半身もそう。肩幅もそんなにないしね。

篠塚　だけど、打球は力強いんですよね。スイッチヒッターだったけど、横浜スタジアムで、左打席からパコーンとスタンドに入れてましたからね。

定岡　バットが長いんだよね。

篠塚　構えもスッと立ってるだけだった。

定岡　音なしの構えからピュッと振る。いいバッターだったな。日本では3年だけだったけど、すごく印象にある。

「レジーさんは子どもを守るため空手で戦っていた」(槙原)

定岡　レジー・スミス(1983―1984)は打席での集中力と当たったときの打球音は、これぞメジャーという感じだった。あと、あのもみあげもすごかった。

槙原　もみあげと髪型で土星みたいになってたじゃないですか(笑)。

定岡　輪っかつきか(笑)。

槙原　(後楽園球場の最寄りの)水道橋の駅で阪神ファンとケンカになったことありましたよね、子どもを連れていたら囲まれちゃって。あの人、空手をやっていたんで、それで戦ったらしいですよ。当時は試合のあと、外国人選手は電車に乗って帰っていたから危ないときがあった。

定岡　レジー・スミスとロイ・ホワイトは新しい

外国人が来ると、みんなあいさつに来てたよね。僕はあまり分かってなかったけど、ベロビーチに行ったときに、ドジャース時代のレジーの写真が廊下に飾ってあって、ああ、そういうレジェンドなんだって思った。

槙原 僕が2年目のキャンプのとき、紅白戦で投げていてレジーさんが初めて実戦の打席に立ったんですよ。周りの人たちに「どんどん真っすぐで行け！」って言われて、こっちもその気になって真っすぐを投げたら、初球をガーンとライトスタンドにホームラン打たれて、みんなが「これはちょっと違うぞ」っていう雰囲気になったのを覚えてます。まだキャンプ中なのにスイングがめちゃくちゃ速かった。打球が消えましたから。

定岡 打球の速さだったら、大洋時代のシピンもすごかったよ。セカンドライナーなんて、ピカッと光るような打球だった。大根切りのスイングなんだけどね。

篠塚 低かったですよね。腰より下にビューンと行くようなフィニッシュでした。

槙原 シピンってメジャー・リーガーだったんですかね。

定岡 メジャーは1年だけみたいだよ（1969年、パドレス）。ボイヤー（1972年に入団したメジャーの名三塁手）のおまけみたいな感じで大洋に入って、日本でブレークしたんだよね。巨人では剃ったけど、大洋では、もじゃもじゃのヒゲで〝ライオン丸〟とか言われていた。でもさ、シノ、あんな大根切りでも打てるもんなの？

篠塚 しかもグリップから指を外してましたからね。外してヘッドを利かせて打つから、あれなら飛ぶなと思いました。

定岡 でもまねはできないでしょ。

篠塚 まねはしません。でも、ヘッドの使い方は参考にできますよ。

「日本のファンに愛されて、クロマティも日本を大好きに」（定岡）

槙原　クロマティ（1984―1990）はレジーさんがいたときは猫かぶっておとなしかったですよね。

定岡　いなくなったら、人が変わったように俺の天下みたいになったけどね（笑）。

槙原　実際、天下でしたよ。相手のいいピッチャーのウイニングショットを打つ。みんなが打てないときに打つから、僕らピッチャーは頼もしかったです。

――すごいクラウチングフォームでしたよね。

槙原　初めはあれで打てるのかと思いました。

定岡　お辞儀してるのかと思ったよ。〝こんにちは、皆さん〟って（笑）。

槙原　ピート・ローズ（MLBの大打者）もああいう構えでした。あの当時、流行だったんですよね。シノさん、あれで打てるんですか。

篠塚　俺は打てないね。力のある人じゃないとああいう構えでは打てない。

槙原　体に近い球は怖そうなのに、耳当てのないヘルメットを使ってましたよね。

篠塚　しかもステップはクロスだからね。ボールに向かって行ってる。

槙原　サダさんよりも年上ですよね？

定岡　2つか3つくらい上かな。「サダー」ってかわいかったですよ。野球から離れたらそういう感じで、なんか憎めないよね。シノには今でも連絡あるんでしょ。

篠塚　子どもが生まれたらしいね。

定岡　いつまでも元気だな（笑）。日本のファンに愛されて、クロマティも日本を大好きになって、その相乗効果があってパフォーマンスがあったと思う。日本シリーズの例の守備のことばっかりクローズアップされるけど(1987年、西武との日本シリーズ。センターのクロマティの怠慢返球を突き、一塁走者・辻発彦が一気にホームにかえった)、決して守備も下手じゃないし、何回も助けてもらった。ちゃんとマジメにやってたよね。

槙原 とにかくバッティングは際立ってましたよ。あとヘッドスライディングもね。あれもカッコよかった。

篠塚 ものすごく勉強してましたよ。日本の野球もそうだし、日本語も。

定岡 一番日本語をしゃべってたよね。

槙原 こっちの話してることもだいたい分かってましたよね。

篠塚 都合の悪いことは「ワカラナイ」って言ってたけど(笑)。

定岡 「うそつけ、お前、分かるじゃないか」ってね(笑)。

篠塚 ジャイアンツの中では一番の助っ人じゃないかな。途中まで4割以上の打率で首位打者も獲ったしね(最終的には・378。1989年)。

槙原 クロウさん、普通のランニングシューズで打撃練習してましたよね。

篠塚 そう言えば、あれ誰だったっけ?

定岡 誰よ、あれって。

槙原 メガネかけたマイク・ブラウン(1990)でしょ。マネしてランニングシューズで打ってたら、コーチの近藤昭仁さんにミーティングで、すげえ怒られてね。「クロマティは別なんだ!」って(笑)。でも、90年代になると外国人選手も一気に増えて、同じような名前もいました。紛らわしいのが(フィル)ブラッドリー(1991)と(ミッキー)ブラントリー(1993)でした。

定岡　ハハハ、確かに分からん。
槙原　ブラントリーは、息子がアストロズで三番を打っていたんですよ。
篠塚　バーフィールド（1993）もカッコよかったね。
槙原　バーフィールドは毎日、ライトから返球の練習をしてたんです。肩がすごく強くて、しかも、マジメに練習をしてましたよね。シェーン・マック（1995―1996）もナイスガイでした。
篠塚　そう言えば、『台湾のイチロー』って触れ込みで来たのもいたよな。
槙原　向こうでは打率3割8分くらい打ったらしいですけど、足も遅いし、ヒットも打たないんですよ。守備もひどくて、サードを守ってましたけど、サードゴロでファーストがセーフになっちゃう（笑）。本物のイチローに申し訳ないような選手でした。名前なんだっけな……あ、ルイス・サントス（1997）だ！
篠塚　そうそう、ルイスだ。今度、巨人の外国人のリストを見ながら話そうよ。俺も何人も外国人選手とやってるからこんがらがってきた。すぐ帰っちゃった外国人もたくさんいるしね。

9th

THE 9TH INNING

もっとも危険なテーマ？原辰徳を語ろう！

これは連載初期の2020年、
3期目の原巨人がリーグ連覇を飾ったあとの取材だ。
川口さんは2期目の原巨人のコーチでもあった（2011-2014年）。
篠塚さんは欠席だったが、定岡さん、川口さんは
選手、監督の若大将をどのように見ていたのか。
※週べ連載分を再編集

出席者●定岡正二、川口和久

「熱を大きなエネルギーに変えながらも、
消耗するだけじゃなくて、さらに
エネルギーをためて大きくしている」（定岡）

「原が入団したとき、野手陣にザワザワ感があったよね」（定岡）

——今回はずばり『原辰徳』をテーマにしたいと思います。

川口　危険なテーマだな（笑）。

——定岡さんにとっては、最初は甲子園ですよね。

定岡　（1974年選手権大会準々決勝で対戦）1年生なのにすごかったですね。

川口　一方的にやられたんですか。

定岡　バカヤロー！　まあ、打たれたけど、チームは勝ったよ（延長15回の末、5対4で完投勝利。『高校野球を熱くもマジメに語ろう！』編で掲載しているので詳しくは略）。

川口　あのときの甲子園は、あまり見てなかったんですよ。だからサダさんの勇姿もほとんど記憶にない。

定岡　ちゃんと見とけよ！

——川口さんは原さんについて。

川口　俺の1学年上なんだけど、社会人のデュプロ2年目のとき、日本生命のグラウンドで、大阪遠征中の東海大と練習試合をやらせてもらったことがあった。日本生命と東海大の試合の前座でね。そのとき原さんを3三振に抑えて、試合も勝っちゃった。原さん目当てに女の子もたくさん見に来ていて、向こうは有名人だし、燃えるものがあったね。

定岡　いきなり自分の自慢か！　でも、僕も国体では3三振に抑えたよ。今でも辰徳に「サダさんは、甲子園よりあのときが一番速かった」って言われる。あのころの辰徳は外の球には届くけど、インコースの速い球が打てなかったな。

——1980年秋のドラフト会議では、川口さんは原さんの外れ1位でしたよね。

川口　原さんは4球団競合でね。しかも、いわゆる隠し玉ってやつで、俺のことを知ってる野球ファンは、ほとんどいなかった。ドラフトのあと、広島中で「川口って誰？」になったらしいよ。

――定岡さん、原さんの入団でチームはどんな雰囲気になったんですか。

定岡　江川卓投手が入ったとき（１９７９年）の僕ら投手陣と同じように、野手陣にザワザワ感がありましたよね。要するに、チームは原を育てたい。でもレギュラーにはセカンドでシノ、サードで中畑清さんがいる。首脳陣も、どっちを取るか天秤にかけていて、大変だなって思ってた。

川口　内野陣は戦々恐々としていたわけですね。

定岡　辰徳が一塁だったら簡単だったかもしれないけど、サードだからね。中畑さんを外すわけにはいかないから、結局、シノが苦労してレギュラーを獲って、これからというときにセカンドの座を奪われた。でも、そんなときに中畑さんがケガで離脱して、サードが空くんだ。シノもそうだけど、辰徳も強運というか、すごいものを持ってると思った。巨人のサードは特別だからね。

川口　プロ野球選手には必ずありますよね。俺も１９８２年、福士敬章さんが後楽園球場で突然ギックリ腰になって、次の大洋戦に急きょ投げろと言われたんですよ。これがきっかけで先発の座をつかんだんです。

定岡　いいほうにも悪いほうにも運というのはあるからね。

「辰徳は都会の子だからファンやマスコミの対応がうまい」（定岡）

川口　元祖アイドルのサダさんから見て、原さんが入団した1年目の宮崎キャンプはどうでしたか。お客さんが、すごかったでしょ。僕は同じ宮崎（広島は日南）なのにお客さんなんて、ほとんどいなかった。テレビで巨人のキャンプの映像を見て、こうも違うのか、ジャイアンツってすごいなと思っていました。

定岡　辰徳は大学出で年齢も重ねていて、出身は福岡らしいけど、神奈川で育った都会の子でしょ。高校、大学と騒がれ続けたこともあるのか、新人なのに、ファンやマスコミの対応がうまいんだ。「なんだ、こいつは。すごいな」と思った。僕は逃げてばっかしだったからね。当時、10代で対処方法が分からなかったんだ。彼の場合、もともと身についたものなんだろうね。

川口　原さんは、言い方は悪いけど、人たらしですからね。

定岡　監督になってからの話だけど、僕の知り合いが「原さんとゴルフすることになった」って大喜びしていたんだけど、帰ってきたら、さらに感動していた。「原監督自らバンカーをならしてくれた」って。初めて会う人にもそんな気遣いができる優しさを持っているから、辰徳のことを悪く言う人はいないし、僕も会うと、爽やかでいいやつだなと思う。先輩の立て方もうまいし、ファンの扱いもうまい。

――定岡さんは原さんと仲がよかったんですか。

定岡　今でも仲はいいと思いますよ。僕が思っているだけかもしれないけど（笑）。

川口　コロナでずっとダメだったけど、以前は、試合前練習で、よく長いこと話してましたよね。たぶん野球の話だけじゃないと思うけど。

定岡　野球の話ももちろんするけど、ゴルフの話もね。「監督にならなかったらプロゴルファーになりたかったんですよ」ってよく言ってたな。

川口　お父さんに連れられて中学時代からゴルフをやっていたらしいですからね。甥の菅野智之もめちゃくちゃゴルフがうまいです。

――川口さん、実際、『打者・原辰徳』とプロで対戦してみてどうでしたか。

川口　後楽園球場で原さんが出てくると、盛り上がりがやっぱりすごかったんで、雰囲気を持ったすごいバッターだなと思った。ただ、ランナーがいないときはホームランも打たれたけど、ランナーがいるときは集中して抑えていたよ。ど真ん中に投げたら、意外と空振りしたり、変に小細工しないほうがいいなと思っていた。まあ、もともと俺は右打者はインコースが主体だから、原さんは体が起きてくれたのもあったしね。

定岡　辰徳に関しては、僕が先発した試合で、入団1年目に小倉球場での大洋戦で東海大の先輩の遠藤一彦さんから打ったサヨナラホームランが忘れられないな。あの球場は試合が終わると、必ずお客さんがグラウンドに乱入してくるんだ。9回になると、子どもたちがフェンスに手を置いて準備していたからね。あれも昭和だよな。

――定岡さんから見た『四番サード・原辰徳』はどうでしたか。

定岡　たくさん助けてもらいましたよ。バッティングに関しては、手首をガッと使う打ち方なんで、これは僕が引退してからですが、手を骨折してからはそれができずに苦労したようですね（1986年）。後半は代打を出されたりして、かわいそうだなと思って見てました。

――コーチをやられていた川口さんから見て、『監督・原辰徳』は。

川口　お世辞じゃなく、すごい監督だね。コーチになってあらためて思ったのは、監督って気遣いと声かけなんだよね。原さんは選手だけじゃなく、裏方さんにも「元気？」とか、何かしら声をかける。若手選手には「きょうスタメンだぞ、大丈夫か」とかね。

定岡　試合のときはどう?

川口　もうガラッと変わるんですよ。『監督・原』として、チームを勝ちに導くための集中力がすごい。球場から一歩出ると、普通の優しい顔になるんですけど、試合の30分前から終了までは本当に形相が違う。それだけ集中しているんでしょうね。将棋で言えば、二手、三手先を見て考えている監督でした。相手がチャンスになったときにどんな代打を出してくるかを先に読んでいた。僕はすぐマウンドに行きたくなるんで「カワ、まだ出るな!」とよく言われました。控え選手のボードをジーッと見る目が怖かったな。

——即断即決の監督でしたか。

川口　というより、初志貫徹。一番最初に感じたことを大事にしようという考え方だった。聞いたら、「迷ったら下手を打つ。一番最初に感じたことが一番正しいことが多いんだ」と言っていた。「失敗もあるでしょ」と言うと、「最初に決めたことなら失敗しても尾を引かない」と。

定岡　カッコいいね。ベンチでは、そんなに表情を崩さないけど、近くで見ていてもそう?

川口　いや、これが面白いんですが、大差で負けているときはブチッと集中力が切れるのか、笑い始めるんです。凧の糸が切れて、もうコントロールできないやって思うのかな、変な笑顔になる。逆に集中しているときは目がつり上がって怖い。

定岡　ミスターみたいに裏でベンチ蹴ったり、そういう熱いところは?

川口　それはなかったですね。

「視野の広さは藤田さんから継承したと思います」(定岡)

定岡　コーチ時代、ベンチで怒られたりした?

川口　怒られましたよ。選手に対して対応が悪いって。遠くから座ったままで、選手に「おう、ご苦労さん、ナイスピッチング」って言っちゃったんです。そしたら「カワ、ちゃんと近くまで行け」って怒られました。「頑張ったやつには近くまで行ってちゃんと声をかけろ」と。そういう配慮のある監督でしたね。そういう心をみんな感じてやっていたんで、少々怒られてもなんとも思わなかったです。野球に集中できる環境をつくってくれる監督だと思いますよ。

定岡　戦略的にはどう？

川口　選手に対して、「7回からはベンチが野球をやるから、それに従ってくれ」ということはよく言っていました。だから、坂本勇人にも平気でバントをさせる。そういう思い切りができる監督でした。ファンがどう見るか、マスコミがどう書くか、外されたベテランがどう思うかって、巨人は人気球団だけにいろいろあるじゃないですか。原監督はそういうのをまったく気にしてなかった。「この人は、チームをぶち壊してしまうことをまったく恐れてないだろうな。危ない人だな」と思ったことは何度もあります。

――定岡さんは、選手時代からこの人はいずれ監督になるんだろうと思いましたか。

定岡　思いましたよ、これは本当に。見ていて、いろいろなことがつながっているなと思う。小さいときから身についている父・貢さんの教育、帝王学が今でも根本にあると思いますしね。将来、人の上に立ったときのリーダーとしての振る舞いを貢さんがしっかり教えてきて、長嶋茂雄さん、王貞治さん、藤田元司さんという歴代の監督から学び、いいところも悪いところも自分の糧にしています。野手の感覚は、王さん、長嶋さんも持っていたと思うけど、原監督には、ピッチャーの感覚、気配りもあるでしょ。レギュラー以外の人を見る視野の広さなんかは藤田さんから継承したと思います。あと、いいなと思うのは、聞く耳を持つよね。

川口 そうですね。

定岡 トップに立つと、どうしても俺が俺がとなる人が多いけど、それがない。あと、彼はいろんな情報を仕入れたいタイプだよね。野球だけじゃない。プロレスも好きだから、そこからエンターテインメントとして見せ方を参考にするとか、とにかく、いろんなものにアンテナを張っている監督だと思う。

――定岡さん、原さんに対し、長嶋さんに通じるものを感じますか。

定岡 あります。この人にならどんなに怒られても、ジワーッと心にくるというのがあるでしょ。僕はそれが長嶋さんだったし、今の選手は原監督にそういう思いを感じているんじゃないかな。辰徳自身も、貢さんや長嶋さん、王さん、藤田さんにずっと怒られてきた。だから怒るほうも大変だと分かってると思う。うわべだけで怒ってもダメだし、うさ晴らしみたいな怒り方もダメ。やっぱり、自分の持っている熱を相手に伝えないとね。そう考えると、監督という仕事、特にジャイアンツの監督は、熱がないとダメだと思いますよ。それを3期もやっているんだからすごいな。

川口 確かにそうですね。

定岡 熱を出すというのはエネルギーを出すことだよね。やっぱり、出すと自分も消耗する。でも、原監督は、そういう熱を大きなエネルギーに変えながらも、消耗するだけじゃなくて、さらにエネルギーをためて大きくしている。そこがすごい。僕らは使うだけでためられずに、くたびれてるけど（笑）。

川口　僕らと言いますけど、俺はくたびれてませんよ（笑）。

原 辰徳

はら・たつのり●1958年7月22日生まれ。神奈川県出身。東海大相模高から東海大を経てドラフト1位で81年に巨人入団。1年目に新人王に輝き、『若大将』と呼ばれて人気に。83年には打点王、MVP。95年限りで現役引退。2002年に巨人監督に就任、日本一に導く。翌03年に退任も、06年から15年に2期目、19年からは3期目。22年終了時点で優勝9回、日本一3回。09年にはWBCでも指揮を執って世界一に

Extra

THE EXTRA INNING

青春の多摩川を語ろう!

今は使われていないが、昭和のジャイアンツの
聖地とも言えるのが、多摩川グラウンドだ。
巨人の若手選手たちの汗と涙がしみ込んだ場所でもある。
お楽しみいただいた『昭和ドロップ!』。
最終章は、青春の思い出を熱く語ってもらおう。

※ Part.1、Pat.2 とも週べ掲載分を再編集

「僕だけじゃなく、
昭和の時代のジャイアンツの選手の
原点はみんなここです」(定岡)

伝説の多摩川グラウンド

青春の多摩川を語ろう！　Part.1

出席者●定岡正二、川口和久

「ブルペンの後ろがトイレでどうしても女子高生と目が合うんだ」（定岡）

――今回は『多摩川』をテーマにしたいと思います。

定岡　だったら、シノがいるときのほうがいいんじゃないかな（このときは欠席）。川口は多摩川、使ったことないだろ。

川口　一度もないです。巨人に入ったのは１９９５年で、当時もあったのかもしれないですけど、使ってなかったですね。まあ、シノさんの話はまたでいいんじゃないですか。今回は聞き役に徹しますからサダさんがたっぷり語ってください。俺の中では多摩川と言えば『巨人の星』（スポ根野球漫画でアニメでも大人気）かサダさんですから。

定岡　大げさだな。多摩川の歴史の中では、俺なんてちっちゃなもんだよ。

川口　（当時の写真を見ながら。※書籍未使用）こんなに人が入ったんだ。すごいな。

定岡　周りに何もないから、いくらでも入るんだよ。スタンドもないしね。

――定岡さんの入団当時の記事では、写真の説明文に『定岡フィーバーでにぎわう多摩川』と書いてあります。２万人くらいいたらしいですね。

川口　さすがサダさん、人気者！

定岡　確かにそのくらいいたかもしれないけど、すごいのはミスター（長嶋茂雄監督。サダさん入団の１９７５年監督就任）。僕はせいぜい６０００人くらいです。でも、今なら人を集めるための営業の苦労とか分かるけど、当時は知らないから、人に注目されるのが苦痛でたまらなかった。

川口　立ちションもできないくらいですか。

定岡　当たり前だよ！　でも、多摩川は隠れるところがまったくない。トイレもブルペンの後ろにあったんだけど、壁が低くて、やってるとき胸から上が隠れないんだ。どうしても女子高生と目が合ってね。何とかしてくれと頼んで、隠すために木が植えられたんだよ。

川口　寮からは例のバスですよね。

定岡　そう、例の！

川口　『巨人の星』だと、バスに乗っても誰も座らず、全員がつま先立ちしていた。子ども心にすげえなって思っていました。

定岡　実際は、みんな座ってタバコ吸ってたけどね（笑）。

川口　これも『巨人の星』のネタですが、多摩川のグラウンドと言うと、花形満（阪神に入団した主人公・星飛雄馬のライバル）がスポーツカーでグラウンドに来て、車の上で来た球を打ち返すというシーンを思い出します。

定岡　多摩川と『巨人の星』はやっぱりシンクロするよね。

川口　当時は、野球やってる子も、やってない子も『巨人の星』を見ていましたしね。後楽園球場は当然あこがれなんだけど、その華やかな後楽園と対照的な多摩川の河川敷もまた好きだった。行ったこともなかったのにね。

定岡　広島の二軍練習場は？

川口　俺らのころは広陵高校のグラウンドを借りて、朝の9時から15時までやってました。当たり前ですが、お客さんなんていません。

定岡　マジで高校のグラウンドだったの？　すげえな。それで赤ヘル軍団が育ったんだね。ハングリーさの源になったのかな。

川口　練習もきつかったですしね。寮を8時半くらいにバスに乗って出て、着いたらすぐに練習。高校の野球部の練習があるから、15時までに終わらなきゃいけないんですよ。それから寮に帰って、近くの公園で17時まで練習して、やっと終わりです。毎日ヘトヘトになっていました。

定岡　でも、ある意味、集中できるでしょ。周りの目も気にならないし。

川口　そうですね。「これ、本当にプロなの」っていう環境のおかげで、逆に一軍に行ったら、こんなにいいところなんだ、絶対に二軍には戻らないぞって思えました。遠征にしても、二軍のときは大きな荷物を持ってホテルまで移動していたのに、一軍はセカンドバック一つですからね。

定岡　あのころのプロ野球選手とお相撲さんは、みんなセカンドバック持っていたよね。

川口　あの環境が僕を強くしてくれたのは確かです。ただ、サダさん、広島がハングリーと言いますが、多摩川だって同じような感じじゃないですか。本当は、あまり好きじゃなかったでしょ。こんな川っぺりで練習するの。

定岡　正直言おうか……最初は、ちょっとびっくりした。

川口　うそーって感じでしょ。写真を見ただけですが、「これプロの施設?」って思いましたよ。

定岡　でも、ここで先人たちが汗を流し、強くなったって言われるとね。下がボコボコで、冷たい風が吹くグラウンドでも、何だか重みを感じてくる。ただ、当時の二軍の球場は、どこも似たようなもんだったよね。一軍のときだけど、甲子園の試合が雨で中止になったとき、PL学園高のグラウンドに練習に行ったら、びっくりした。多摩川より施設がよっぽど立派だったからね。屋内練習場もあったけど、巨人よりはるかにいい。多摩川の屋内練習場なんか一軒家みたいなもんよ。おでん屋のちょっと奥の住宅地の中にあってね。

川口　でも、多摩川は、それこそ広島市民球場よりファンがたくさん来ていた。ファンとの距離が近いから声援もダイレクトに届いて、選手にも励みになったんじゃないですか。

定岡 今だったらそう思うかもしれない。でも、あのころは大変さが先に出たんだ。なんで、こんなにいっぱい人がいるんだって思って……。まだ一軍で1勝もしていないときは、騒がれるのが、うっとうしかった。

川口 硬派ですね。さすがサダさん！

「江川投手が入ってきたとき、『なんて呼ぶんだよ』って」（定岡）

定岡 （先発三本柱の江川卓さん、西本聖さん、定岡さんが並んで投げるブルペンの写真を見て。※書籍未使用）これも懐かしいなあ。

川口 3人のブルペンで投げる位置は決まっていたんですか。

定岡 ニシは目立ちたがり屋だから真ん中が多かったけど、僕は端っこが好きだから端っこが多かった。なんか落ち着くからね。

川口 並んで投げていると、ほかの2人は気になりますよね。

定岡 球の速さとか球数とかすごく気になった。

川口 3人は年齢も一緒ですか。

定岡 ニシと僕は同じ年で、江川投手は一つ上。僕たち2人は先に高校から入団しているから、（1979年に）江川投手が入ってきたときは「なんて呼ぶんだよ」って言ってた。昔は相撲界じゃないけど、入団順みたいに考えてる人もいた。でも、あの『怪物・江川』だからね。

川口 結局、どう呼んだんですか。

定岡 「江川さん」とは呼べなかったなあ。「ねえ」とか言ったり。

――だから今も「江川投手」「江川選手」なんで

すね。ちょっと気になってました。

川口　西本さんと定岡さんはライバル関係だったんですよね。

定岡　いや、俺は特になかったよ。

——西本さんは自分がドラフト1位の定岡さん相手にすごいライバル意識があったそうです。

定岡　そうだったかもしれないですね。ニシは反骨心が強かったから。

川口　俺は子どものころから巨人ファンだったんで、江川さん、西本さんはもうあこがれの存在でした。

定岡　俺もだろ！（笑）

川口　もちろんです！　あと、ブルペンでピッチングをするときにキャッチャーの取り合いがあるんですよね。

定岡　あるね。

川口　一軍のキャッチャー、二軍のキャッチャー、ブルペンキャッチャーといますが、マイペースの人と、投手にうまく合わせてくれる人がいるんですよね。いかに自分と肌が合うキャッチャーに球を受けてもらうかの競争が、まずあった。

定岡　僕らは少し違ったかな。多摩川はブルペンが屋外だったから、キャッチングがうまくないと、ミットの音がしないんだ。「ボソッ」という音で捕られると、投げていても乗っていかない。だから、自分と合う合わないというより、いい音が出せるキャッチャーが好きだった。

川口　昔のキャッチャーのほうが、いい音していましたよね。

定岡　今は室内だから、いい音がして当たり前だけど、外だと、やはり捕手の技術も必要になる。こっちも100球以上、バッターもいないところで投げるんだから、「ボソッ」て捕られるとがっかりするんだ。

川口　革に油が染み込んだいいミットは「パーン」っていう、いい音がするけど、ミットに油がないと「ボソッ」という音になるらしいです。

定岡　それと、楽をして捕ると、いい音は鳴らないね。キャッチングはやっぱり痛い。けど、痛くないところで捕ると音がしない。ピッチャーもそのことを分かってるから、痛くても身を粉にして捕ってくれるキャッチャーに練習でも捕ってもらいたいんだ。

川口　ミットのいい音がし始めると、ピッチャーも乗って球数が多くなる。逆に、いい音がしないと早く終わらせたくなっちゃいますからね。

「練習を見ようとしてよそ見をし、土手から車がよく落ちた」（定岡）

定岡　（ファンが並ぶ多摩川の写真を見て。※書籍未使用）いやあ、なんか青春だなあ。女子高生もたくさんいたよな。

川口　やっぱり、かわいい子に目が行っちゃいますよね。

定岡　多摩川の練習を見学に来て、選手のお嫁さんになった人も何人もいるからね。今思うと、もったいないことしたな（笑）。でも、当時は、できるだけ同世代の異性と仲よくするのをさけて、子どものファンを大事にしていた。付き合うと、すぐ騒がれたりするし、そういうのは一軍で活躍してからと思っていた。だから俺、いまだに独り者なのかもしれない（泣きまね）。

川口　この匂いを嗅ぐと、多摩川を思い出すなっていうのはありますか。

定岡　やっぱり、おでんの匂いでしょ。おなかが減ったら上のおでん屋（『グランド小池商店』）に行って、おでんを食べてたからね。僕が入ったときは、おでん屋さんも木造で少し傾いて見えたけど、ミスターが来て、多摩川に何万人も見に来るようになってからは大賑わいで、行くと「定岡君のおかげで」ってよく言ってくれた。あと賑わいの悪いほうの話では、土手の上の道を通る車の運転手が、選手の練習を見ようとしてみんなよそ見をするんで、何回も土手から車が落ちて、ファームの選手が車を持ち上げに行ったんだ。「また落ちたぞー」って言いながら（笑）。

川口　多摩川は定岡さんの青春ですね。

定岡　うん、僕だけじゃなく、昭和の時代のジャイアンツの選手の原点はみんなここだよ。今でも、たまに通るんだけど、子どもたちが同じ場所にあるグラウンドで野球やってる。何十年たっても、ONをはじめ、たくさんのプロ野球選手を生んできたジャイアンツ伝統の多摩川グラウンドが形を変えてまだある、プロじゃないけど、そこで野球をしている姿を今でも見られるっていうことが非常にうれしいね。球場も練習場も変わっていく中で変わらない美学が、多摩川にはあると思う。

川口　さすがサダさん。今回はきれいに締めましたね。

定岡　今回も、だろ（笑）。

青春の多摩川を語ろう！　Part.2
出席者●定岡正二、篠塚和典、槙原寛己

今度は同じテーマで定岡さん、篠塚さん、そして槙原さんが語り合う。多摩川から寮生活など、どんどん話が広がった。

「小池商店で、ジャイアンツの選手はツケがきいたんです」（槙原）

篠塚　マキは何年やった？　多摩川で。

槙原　6～7年ですかね。一軍に上がっても使ってましたから。いろいろなことで、「えっ、これがプロのグラウンド?」と思いましたが、多摩川に対して嫌なグラウンドっていうイメージはまったくないんです。「ここがジャイアンツの聖地だな」というのもあったんで。

定岡　僕も同じで、若いときは、「なんだこれは！」と思ったことが多いけど、年をとってから振り返ると、すべてよかったなと思う。あそこは道場みたいなもんだからね。

――朝は石拾いから始まったそうですね。

定岡　みんなバケツ持ってやってました。グラウンドキーパーはもちろんいるけど、若い選手が必ず通る道みたいな感じですね。

槙原　石拾い中、サングラスを掛けた善さん（高橋善正コーチ）に殴られたこともあったんですよ。ちょっと抜けてトイレ行き、何ごともなかったかのように戻ったら、善さんに「どこに行ってたんだ！」って言われ、「トイレです」って正直に言ったら、「離れるときは言え！」って、いきなりパチーンと殴られた（笑）。あとで先輩から「善さんがサングラスをしてるときは二日酔いだから機嫌が悪い。気をつけなきゃダメだよ」って。「もっと早く言ってくださいよ」って思いましたよ（笑）。

定岡　そういうデタラメもあったよな。

槙原　台風が近づいてきたら、「お前たち行け！」って言われて、寮からあわてて向かったこともありましたよね。若い選手がいろんな器具を土手に上げたりした。多摩川が増水すると、グラウンドが水浸しになるんで。

定岡　俺が入る1年前（１９７４年）に多摩川が大洪水になって、おでん屋の近くまで水が行ったことがあるらしい。水が引いたらバックネットの上のほうにヘビとか引っかかっていたんだって。

こんなとこまで水が来たんだとびっくりしたよ。今と違って、昔の多摩川の水はドロドロで汚いし、すげえ臭かったよね。

槙原　そうでしたね。

定岡　雪が降ったときも大変だったよ。やっぱり総出で行くけど、雪で道も悪いから、寮から1時間はかかる。寒いし、もっと近くにグラウンドつくればいいのにって思ったよ。

篠塚　王貞治さんが監督だったから、1984年くらいですかね。すごい大雪になって、みんなで雪かきした記憶があります。

定岡　ただささ、引退して35年以上たって、まだ青春の思い出の地があるっていうのが、すごく財産だと思う。今でも通るたびに、当時のきつかったことを思い出すけど、なんか今となったら、いい思い出になっているんだよね。

篠塚　僕は近いけど、あまり通らないんですよね。たまに息子や孫を連れて行くくらい。昔細かった松の木が大木になっていたりとか、年月を感じるよね。孫に、「おでん屋はあんなに立派だけど、あれはジャイアンツで建てたんだよ」と言ってる。

定岡　そうそう、小池商店！　だんだん立派になったからね。

槙原　川沿いだから、風が強くて砂が舞うんで、おでんの底のほうで砂のジャリジャリっていう音もしたり……。

定岡　今も営業してるんだから、そういうことは忘れたふりをしてやれよ！

槙原　小池商店で、ジャイアンツの選手はツケがきいたんですよね。

定岡　みんな「ツケといて」って言ってたね。ツケって若い人は知らないかな。これも昭和だね。

槙原　僕が選手をやめてから何年かたって、おばあちゃんがまだ生きていたときに行ったら、昔のツケのノートを見せてくれました。だいたい『払い済』って書いてあるけど、何人か、まだ払ってなくて借金があった。でも、あれ適当でしたよね。

定岡　そうそう、あのノートが怪しいんだよね。勝手に『正』の字を書いてるだけだもん。

篠塚　違う人に勝手につけてたやつもいたからね。

槙原　でも、それがまかり通ってましたからね。これも昭和ですよ。

「俺はファンサービスはできなかったのよ」（定岡）

――槙原さんが入団当時、定岡さん、篠塚さんの人気はすごかったようですね。

槙原　サダさんもシノさんも、もうスター選手でした。僕も最初は「あっ、テレビで見てる人だ！」っていう感覚でしたよ。特にサダさんですね。僕が入ったころ（1982年）、サダさん目当ての女性ファンはすごかったですよ。でも、その割にファンサービスしない（笑）。

定岡　俺の性格上、できないんだって！　俺は優しいけど、できないのよ。

槙原　今くらいくだけた性格だったらできたでしょうね。

定岡　昔はガード固めてたからね。それしか術がなかったんだ。

篠塚　それで今も独り身だよ。

定岡　おいおい、それは言うなって（笑）。

槙原　かわいそうだなって思っていました。いや、今も独り身ということについてじゃないですよ（笑）。人に見られるのはうれしいけど、常識の範囲を過ぎるとね。

定岡　それ、ちゃんと言ってくれよ！　あのころは常識の範囲を超えていたんだよ！

槙原　あそこでサインしてたら大変ですもんね。きりがなくなる。

定岡　マキの入る前だけど、サインを何人かにしちゃったら終わらなくなって、先にバスに乗っていた先輩を待たせちゃったことがある。あとで、「あ～あ、お前は違うよな」と嫌味を言われちゃってね。

槙原　でも、たまにはいい女もいるんですよね。

定岡　それ以上、言うな！　なんか、マキが来ると場が荒れるね（笑）。

篠塚　ちょっと品が落ちるな（笑）。

槙原　失礼しました。

定岡　でもマキはたまにいいこと言うし、面白いんですよ。お前、きょうは、お酒飲んでないよな。

槙原　飲んでないですよ、車ですから。

定岡　だったら大丈夫だ。寸止めができるはず（笑）。ところでシノの印象はどうだったんだよ。

槙原　シノさんは、職人っていう感じでしたね。あまりしゃべる人でもないし。この連載で写真を撮るときにポーズを取ってるのを見て、びっくりしたくらいです。原辰徳さんもスターなんだけど、「よー、元気か！」って言うタイプでしょ。シノさんはそんなことなかったですね。でも女性ファンはサダさんと同じくらい多かったな。

篠塚　あのころ、練習はきつかったけど、なんだか楽しかったよね。

定岡　うん、そうだったね。

槙原　やってるほうが楽しいってことは、見ている人も楽しいじゃないですか。そういう面もジャイアンツが愛してもらえた理由だと思います。

定岡　それはあるだろうね。

篠塚　余計なことを考える暇もなかったしね。みんな純粋に上を目指して一生懸命やっていた。

槙原　そこはよかったですね。ＦＡで誰が来たとか、球場に行ったら、突然、中田翔がいるなんてこともないし（笑）。

定岡　いきなり時事ネタぶちこむな。さすがマキだ（2021年、中田の日本ハムから巨人移籍直後の取材だった）。

篠塚　あとは選手がファンの人にとって、ちょっと遠い存在のようなとこはあったよね。今はファンサービスのためにいろいろなことをやっていて、すぐ近くで見れちゃったりするけど。

槙原　握手できるアイドルみたいな感じじゃなくて、もう少し神秘的な感じでしたよね。どういう人なのかなっていうのをファンも楽しめていた時期でした。

「投げたのは僕だから8割方は自分です」（槙原）

槙原　僕はスライダーもシノさんに教わったんです。なんとかものにしたくて、「どんな投げ方をしているんですか」って、いろいろな人に指の置き方を教えてもらったんですけど、最終的に投げ方がマッチしたのはシノさんに教えてもらったものでした。スライダーは自分の思いきり投げられる握り方がないとダメなんですよね。

定岡　それまでは真っすぐとカーブだけだったの。

槙原　スライダーも投げてましたけど、しっくりこなかったんです。ヒュッと横に曲がる、あのスライダーを覚えたのは大きかったですね。

定岡　いつ教わったの？

槙原　ブルペンでシノさんと原さんが投げてたときです。

篠塚　外のブルペンね。ナゴヤ球場か広島市民球場だったかな。

槙原　ナゴヤ球場です。野手は投げるのが好きで、よくブルペンに来て投げていましたよね。

定岡　野手はマウンドに立ちたいんだよな。だからピッチャーの邪魔をしながらでも投げる（笑）。中畑清さんもそうだったけど。

槙原　ブルペンでシノさんがいいスライダーを投げていて、「どういう握りで投げているんですか」って聞いたら、「こうだよ」って教えてくれたんです。そのままレフトに行ってキャッチボールしたら、「あっ、曲がる、これだ！」って。それから2、3試合後に広島市民球場で投げたんですが、ぴったりハマった。面白いように三振が取れました。ひねらない投げ方だったし、フォームを変えるわけじゃないですからね。

定岡　シノはその握りをどうやって覚えたの？

篠塚　自分で、ですよ。

定岡　自分で？

槙原　普通の人のスライダーは縫い目をちょっとずらす感じだけど、シノさんの握りは完全に縫い目に乗っけちゃうんですよね。それでひねらない。

篠塚　2つあって、両方教えたんだよな。

槙原　そうでした。

篠塚　縫い目を横にして乗せるのと縫い目の上に乗っけるので、どう変化が違うのかなって投げてみた。そしたら、縫い目の2本を上から斜めに置くと曲がりが大きく、縫い目の上から乗せてちょっとずらして投げると、昔のマッスラ、今でいうカットボールになった。

槙原　僕は縫い目に置いたほうをやってみました。

篠塚　野手の俺が遊びで投げて、これだけ曲がるんだから、ピッチャーの腕の振りで投げたら、もっと勢いよく曲がるんじゃないかとずっと思っていたんだ。

定岡　ありがたい話だよな。マキはシノにお歳暮とかお中元あげたの？

槙原　いや、そのときはヒントをいただいただけで、投げたのは僕だから8割方は自分と思ってました（笑）。ただ、今思うと、あれがなかったらどうなっていたかと思いますけど。

定岡　生涯年俸の10パーセントくらい渡さなきゃいけなかったな（笑）。

槙原　股関節を骨折したあとだったんで、ワラをもすがる思いでした。ほんとはシュートを投げたかったけど、投げられなかったし。

定岡　西本（シュートの達人）は教えてくれなかったの？

槙原　教えてもらっても、投げられるボールと投げられないボールがありますからね。西本さんのシュートは、僕にはちょっと無理だなと思っていました。サダさんもシュートは投げてなかったでしょ。

定岡　いや、投げていたよ、15勝した年からね（1982年）。

槙原　スライダーがある投手は、シュートがちょっと曲がるだけで大きいですよね。

定岡　面白いくらい詰まらせることができる。セカンドゴロでゲッツーが取れるし、楽だったよ。

「やらないって言ってるんじゃない。やりたくないって言ってる」（と江川さん）

槙原　先発三本柱のうち、しゃべりやすかったのはサダさんですね。

定岡　西本と仲がよかったじゃないか。

槙原　グアムキャンプのときの最初の部屋が西本さんと一緒で、宮崎に行ったら、江川さんでした。サダさんとは一緒のことはなかったですね。

定岡　西本はグアムキャンプの部屋で音楽ガンガンかけてなかった？

槙原　かけてましたよ。すごい音量でかけて腹筋とかガンガンやってました。それが終わったら、

「マキ、行くぞ!」って言われてビーチに一緒にランニングに行くんですけど、そのときに、なぜか知らないけど、近鉄バファローズの猛牛マークみたいに、角が出て尖っているヘアバンドをしていくんですよ(笑)。

定岡 そうそう、バイキングだったな(笑)。

槙原 その時間、みんなビーチで寝て甲羅干ししてるんですけど、西本さんと僕が来ると、一斉に隠れるんです。フリータイムではあったけど、自分たちだけ遊んでるみたいで嫌だったんでしょうね。「お前、やめさせろ」ってよく言われました。西本さんはそういう空気みたいなものはまったく読まない人でしたけどね。

――江川さんはどうでしたか。

槙原 まったく逆ですね。

定岡 何もしないよな。

槙原 何もしない。あの人は人前で努力しているのを見せるのが嫌いだったじゃないですか。ランニングしろって言われても「しない」ってやらない。でも100メートル走を走ると、めちゃくちゃ速い。やっぱり天才なんですよ。天才は何もしなくてもいいんだなと思って見ていました。

定岡 ピッチングコーチが「50メートル10本」って言って走ったとき、江川投手は50メートル走ると、ゴールの線ちょうどのところでピタッと止まる。1ミリも多く走らずにピタッと止めたよな。普通は惰性でちょっと先まで行っちゃうもんだけどね。逆にすげえなと思っていた。

槙原 いつもコーチに文句を言ってましたね。「やらないって言ってるんじゃない。やりたくないって言ってるんです」って。それが江川さんの口癖でした(笑)。

定岡 ピッチングだけじゃなく、守備もバッティングも能力はズバ抜けてたよね。

槙原　すごいピッチャーでしたね。それで、江川さんが『100球肩』とか『手抜き』ってよく言われてたじゃないですか。最初のころは、僕も「なんでもっと思いきり投げないのかな」って思ってたんですけど、途中からよ～く分かりましたね。あまり力を入れないで投げるイニングがないと、完投はきついんですよ。若いときは力任せでもできるんですけど、年齢を重ねると、疲れちゃうんですよね。次の登板で肩や腰が張ったままで投げなきゃいけないから、手抜きもプロとしては必要なことなんです。

定岡　めちゃくちゃ合理的なんだよね。

篠塚　江川さんが本気になるのは、ランナーがセカンドに行ってからだからね。フォームも違うんですよ。足を上げてからの間が長くなる。う～んとためてね。

槙原　余分なことはしない、根性はいらない、という人でした。一方で、西本さんは根性でしたよね。たたき上げで来ているし、ドラフト外だから、江川さんともドライチのサダさんとも入ってきた境遇が違いました。このままやっていたらダメだっていう気持ちが根底にあったんでしょうね。プロ魂をすごく感じましたよ。

定岡　シノ、僕ら3人のバックで守ってどう見てたの？

篠塚　3人ともコントロールがよかったから守っていて楽でしたよ。守っていて面白かったな。

定岡　西本はシュート、僕はスライダー、江川選手は真っすぐ、カーブ。みんな特徴はあったからね。でもさ、逆に俺が知りたいのは、桑田真澄、斎藤雅樹、槙原の三本柱（新先発三本柱）はどうなんだってこと。マキ、教えてよ。

槙原　斎藤は一番能力があったと思います。性格はおとなしいんですけど、手抜きをしないですよね。それでいて、ここぞ、という場面ではさらにすごい力を出す。桑田はちょっと手を抜いちゃう試合があるんですよ。シノさんは見てて分かったと思うんですけど。

篠塚　そうだったね。

定岡　シノは新旧三本柱全員のバックで守ってるんだよね。

篠塚　うん、そうですね。

槙原　全員というのはすごいですね。「ちゃんと投げろよ」って思った試合もたくさんあったでしょ。

篠塚　いや、それはなかったな。

定岡　6人の中で守りやすさは誰が一番だった？

篠塚　リズム的にはみんなよかったですよ。もともと僕は守りづらいピッチャーはいなかった。澤村拓一（元巨人、現ロッテ）みたいにボールもらってからマウンドをぐるぐる回られたらイライラしたかもしれないけど（笑）。

定岡　逆に江川投手なんか、テンポが早過ぎて嫌とかなかった？

篠塚　なかったですね。ただ、あえて言うなら若いときのマキはケガが心配だった。後ろから見ていてフィールディングが怖くて。捻挫しなきゃいいなっていう足の運び方してたから。

槙原　要するに、野球選手じゃないんですよ。

定岡　いや、それはないよ。あれだけ勝ったピッチャーが。あっ、ちょっとマキにヨイショしちゃった（笑）。

「思わず、『洋服、着たことあるか』と言ったんじゃないかな」（定岡）

――ジャイアンツの寮生活の話もお聞きしましょうか。皆さん、武宮敏明さん（伝説の鬼寮長）の寮長時代ですよね。

槙原　ええ。初めて寮に行ったとき、竹刀があったのはびっくりしましたね。僕はやられたことありませんが、殴り過ぎて竹刀が折れ、結んでいる黄色い糸1本になったのを覚えています。

定岡 誰がやられたんだ?

槙原 僕の同期の××ですけど、サダさんは、たぶん知らないと思います。(寮近くにあった日本テレビの)生田スタジオ行きのバスがあったじゃないですか。それを寮の近くで手を上げて止めようとしたやつがいたんです。タクシーじゃないから当然、止まってくれない。それなのに「なんで止まってくれないんだ!」ってバス会社に文句を言いに行ったらしい。武宮さんの耳に入って、「そんなバカがいるか!」ってボコボコです(笑)。

定岡 そりゃ、仕方ないな。でも、寮って、日本各地のいろんなところから来ているからね。野獣みたいなのもいるし、ジェントルマンもいる。あと、やっぱ関西弁が強烈だったな。今みたいに関西のお笑いタレントがテレビに出まくっている時代じゃないから、最初はびっくりしたよね。

槙原 関西弁ってうつりますしね。ついつい、こっちもしゃべったりしちゃう。

定岡 なんでやねん、とかね(笑)。シノは俺の1年あとの入団(1976年)だけど、最初来たときに茶色のコートを着てたよね。

篠塚 茶色のコート? いや、どうかな。エンジのスーツは着ていましたけどね。

定岡 いや、コートだったよ。寒い日でね。シノが茶色のハーフコートを着ていて、東京の高校生はすごいなと思った。

篠塚 千葉の銚子ですけど(笑)。

定岡 どっちにしてもすごいなって思ったよ。鹿児島にコートなんてなかったからね。

篠塚 あるでしょ、鹿児島の人に怒られますよ。

槙原 僕は入団前にテレビで見たんですが、新人のころのサダさんと長嶋茂雄さんの映像がありましたよね。洋服がどうこうという……。

篠塚 「洋服、持ってるのか」ね（笑）。

定岡 2人ともよく覚えてるな。正確には「洋服、着たことあるか」だったよ（長嶋さんの口まねをしつつ）。

槙原 『ミユキ野球教室』（日本テレビの人気番組。巨人の選手が出演することが多かった）でしたっけ？ そのあと定岡さんが返事もせずに黙ってて、なんで何も言わないのかと思っていました。

定岡 いや、確か日テレの特番だったと思うけどね。ミスターと僕のツーショットになって、こっちはテレビだから緊張して何もしゃべれないし、たぶん、ミスターも何をしゃべっていいか分からなかったと思うよ。それで思わず、「洋服、着たことあるか」と言ったんじゃないかな。こっちは「洋服って、今着てるこれだよな」って思いながら固まっちゃった（笑）。

槙原 学生服じゃなかったですよね。

定岡 うん、普通の服。ミスターはスーツのことを洋服って言ったんだと思う。スーツを着たことあるのかっていうのを、洋服って言うからさ。

篠塚 「着てますよ」って言えばよかったのに。

定岡 言えるわけないだろ！

「自分の故郷に向かって『お母さーん！』って叫べって」（定岡）

定岡 マキのときは、朝の散歩あった？

槙原 もうなかったですね。

定岡 僕らのときは起床して、全員で集まってやってたんだ。武宮さんと一緒に。

篠塚 結構、歩きましたよね。

定岡 途中に音楽堂みたいなところがあるんだけど、母の日に、そこから自分の故郷に向かって

「お母さーん！」って叫べって言われた（笑）。あれはびっくりした。

槙原　僕はプロに入っても『集合』があったのは驚きましたね。屋上に全員が呼び出され、先輩たちに正座させられた。僕はそのとき、たまたまいなかったんですけど。

篠塚　俺らは正座したとき、バットを足の間に挟んでやらされたよ。やっぱり寮の屋上でね。社会人になってもこういうことがあるんだって驚いた。でもマキのころで最後じゃないの？

槙原　そうかもしれないですね。

定岡　俺は経験ないな。

篠塚　僕らは同期が悪かったんですよ。

定岡　昔は、なんでも連帯責任だったからな。

篠塚　朝の旗揚げ当番とか電話当番があったね。

定岡　電話番は大変だったな。下の事務室でやるんだけど、休みの日に一日中電話の近くにいるんですよ。これがきつい。

篠塚　出掛けたら裏返す名前の札があったから、それを見て外出してるかどうか確認して、いればマイクで「××さん、だれだれさんから電話で〜す」って呼び出す。

槙原　昔は当然、携帯はないし、部屋の電話もなかった。2台だけ赤電話があって、みんな彼女に電話してましたね。

定岡　ジャイアンツ号（多摩川グラウンドへの行き来などで使う車）で寮長の送り迎えを言われるときもあったけど、あれはうれしかったよね。僕は車が好きだったんだけど、自分の車もないし、ふだんは運転する機会がないからさ。

槙原　寮長じゃないけど、先輩に「免許、持ってるか」って聞かれて「持ってます、大丈夫です」って言ったら「じゃあ送ってくれ」って言われたことがあります。僕も車に乗れるからうれしくて。でも、慣れてないんで、ギアを間違えてドライブに入れたら崖に落ちそうになった（笑）。ほんとはバックに入れなきゃいけないのに。「もうお前はいい！」って言われました。

定岡　最初の何年かは車禁止だから、一軍に上がって後楽園の試合に行くときは先輩が一緒に乗せてくれたんだよね。でも、どうしても眠くなっちゃう。それで寝ちゃうと、すごく怒られた。「寝てていいよ」なんて優しい人いなかったもんな。そう言えば、渋滞に入ったときに「おい、しぶたいだよ」って言ってた先輩もいた。「じゅうたいです」って言えなかったな（笑）。

篠塚　××さんですか。

定岡　おいおい、言っちゃダメだよ。べーマガさん、伏字でお願いしますね。すごくいい先輩だったんで。

槙原　昔は川崎からの道は混んじゃってどうしようもなかったですもんね。

篠塚　若手はバスの掃除もあったね。

槙原　灰皿に吸い殻とか灰が残っていたら大変でした（苦笑）。

「ベーコンがカチカチになって、口の中が切れた（笑）」（槙原）

定岡　試合の移動もバスだったけど、結構、遠くまで行ったよね。

篠塚　当時は（神奈川県の）茅ヶ崎もありましたよね。

定岡　うん。試合が終わると、みんなドロドロなのにユニフォームのままシャワーも浴びずに帰る。かたや窓の外を見ると、青い空と青い海が見えて、水着でみんな遊んでるじゃない。あれを見ながら、「いいな、うらやましいな」と思っていた。

篠塚　茅ヶ崎からの帰り道はいつも渋滞、いや、しぶたいしていましたよね（笑）。

定岡　当時はコンビニもないから、試合後、用意してもらったソーセージとかパンとか食べながら帰ったけど、あれはあれで楽しかったな。みんなでワイワイやって。半分、遠足気分だったよね。北海道遠征もあった。ピッチャーは、あそこで結果を出すと一軍に呼んでくれるんだよね。だから頑張った記憶がある。

槙原　上野駅から寝台車で行ったことはありました？

篠塚　あったよ。東北遠征ね。

槙原　帰りも寝台で、月曜の朝に上野に着くんですよね。

定岡　到着すると「上野〜、上野〜」って駅員さんのアナウンスがあってね。

槙原　そこで打撃のケージとかをスーツを着た1年生が運ぶんですよ。

定岡　みんな自分の荷物以外にもボールとか持ってね。キャッチャーはレガースとかもあるからかわいそうだったな。

槙原　いつも汗だくでした。

定岡　地方に行くと、イスの背が90度の汽車もあったよね。寝られないから新聞紙を敷いて床に寝ていた。俺ら疎開かと思ったもん（笑）。

篠塚　バスでもイスじゃなくて、みんな下に寝てましたよね。

定岡　バスのときは中井康之さんがすごかったよな。後ろを荷物スペースにしていたんだけど、たくさん荷物があるから、うまく入れないと入りきれない。中井さんは、引っ越し屋になれそうなくらいうまく入れてた。

槙原　僕らのときは、荷物はバスの下に入れられるようになってました。

篠塚　バスとか合宿の設備とか、いろいろ過渡期ではあったよね。

槙原　そうそう、寮のメシはどうでした？　僕のときはナイターから帰ると、もう冷えてて、まずい……。

定岡　やめろよ！　みんな帰ってくる時間も違うし、担当の方は一生懸命やってくださったんだよ！

槙原　でも、冷たかったですよね。

定岡　う〜ん……、確かに冷たかった。それは認める（笑）。

槙原　カクテル光線を浴びた華やかな一軍の試合から帰ってきたら、昔の家にあったような蚊帳がかかった冷えたおかずと、ご飯しかない。

定岡　あのギャップはすごかったよな。それも認める（笑）。

篠塚　サンマもピーンと硬くなっていたよ。

槙原　ハムやベーコンもです。カチカチになって、口の中が切れそうになったことがあります。

定岡　それはさすがにうそだろ（笑）。

槙原　まあ、まあ、まあ（笑）。それで一軍に行ってた選手たちが文句を言い出して、僕の入団2年目くらいのときに食を見直そうってことで、上野精養軒のシェフを雇った。ナイターから帰ってきても、あったかい料理をつくってくれるようになったんです。

定岡　こうなったら言うけど、僕らの時代はカロリー計算の栄養士さんはいたけど、味は我慢してた。でもさ、僕は引退してからだけど、昭和の最後のあたりから環境面がどんどん変わって、今はびっくりするくらいよくなったよね。何年か前に新しい合宿所に行ったら、もうホテルだったよ。プールはあるわ、食堂は好きなものをオーダーできるブッフェだし。

槙原　ウエートとかトレーニング施設もすごく充

実していて、いくらでも練習できますよね。でも、今の選手は自分から練習するからすごいです。僕らのころ、寮の横にあった室内練習場が雪でつぶれたときがあったけど、みんな満面の笑顔でガッツポーズでしたもんね。「よし、これで練習しなくていい！」って（笑）。

定岡　でも、プールはうらやましいな。僕らのころは、夏は夜中、よみうりランドのプールに行った。こっそり開けといてもらってね。これは書かないほうがいいかな。

槙原　いいんじゃないですか。もう昔話ですから。

「金色のベンツなんて、アラブの大富豪みたいだなって」（槙原）

槙原　サダさんは夜、寮を抜け出したことはあるんですか。

定岡　あるよ。門限の10時（22時）までには戻ったけどね。

槙原　僕もありましたが、寮から出るのにタクシーを呼ぶわけにはいかないから、歩いて山を下りるんですよね。当時は寮の周りに何もないし、真っ暗な中で山を下るから危なくてしょうがない。行きはワクワクしてるからまだいいんですけど、帰りは、ちょっと怖かったですよね。

篠塚　大通りから10分、15分くらいはかかったもんね。真っ暗な山道でさ。

定岡　たまに穴もあるんだよ。でも、あのときの歩く速さは速かったよな。あれで巨人の二軍は足腰が鍛えられたと思うよ（笑）。

槙原　門限に遅れると大変なことが起こりますからね（笑）。

定岡　一時、ウワサがあったよね。上のほうで首吊り自殺があったとか。

槙原　ありましたね。聞いてから怖くてそこに行けなくなりました。

定岡　俺らを外出させないためのうそだったかもしれんけどね。

槙原　車もあこがれでしたよね。僕らのころは車を買うのがＯＫになってからも最初は日本車でと言われました。寮生活の最後のころかな、もういいだろうと思ってサダさんの紺色のベンツを譲ってもらったら、当時の寮長に「お前、もうすぐ寮を出るんだから、それまであの車を隠せ」と言われて、隠したことあります。

定岡　あのベンツは、いい車だったよな。

槙原　僕は、あの車で事故しちゃいましたけど。

定岡　そうだったな、エンジンブレーキを知らずにね。

――何があったんですか！

槙原　熱海でゴルフやって、終わってからボウリングをやろうとなったんですよ。当時はナビなんてないから、知らない山道で一生懸命、前の車を追いかけていたんですが、僕はエンジンブレーキを知らずに、下り坂でギュッギュとブレーキを踏んでいたんです。そしたら、だんだんブレーキの効きが甘くなってきて「おかしいな」と言っていたら、隣に乗っていた村田チュウ（真一）が「もっと早く踏めばいいんや」みたいな話をして、さらに頻繁に踏んでいた。最後は完全に効かなくなりました。あれは怖かった！

定岡　あのころは外車に乗るのが一流選手のステータスだったよね。王貞治さんや長嶋さんが多摩川に外車で来るのを見て、二軍の選手は「カッコいいな。いつか俺も」って思うんだ。成功の証しみたいに見えてさ。若いうちは、ほかに趣味をつくる時間の余裕もないから、いつの間にか、みんな車が好きになる。

槙原　一番の車好きはシノさんですよね。

篠塚　僕も最初は日本車で、それから紺のＢＭＷに乗ったのよ。でも、コーチだった土井正三さんに「何様のつもりだ！」って言われて、すぐにプレリュードに替えた。知り合いに探してもらったもので色は緑だったけど、嫌だったから赤に塗装してもらってね。でも、俺は車洗うのが好きだから、ずっと洗っていたら、下から緑色が出てきちゃった（笑）。

槙原　そうそう、シノさんが車洗っているのをよく見ました。

定岡　シノは車を洗うのが好きだよね。ラッコかシノかって言うくらい（笑）。洗うと落ち着くんだって言ってたね。

篠塚　毎日、洗ってましたから。

槙原　昔はベンツに乗っている人が多かったですよね。当時の駐車場を見たらベンツのディーラーよりすごかったんじゃないかな。

定岡　西本はガルウィング（鳥の羽根のように上に開けるドア）じゃなかった？

槙原　そうでした。色が金色です。金色のベンツなんて、どこで買ったのかなと思いましたよ。アラブの大富豪みたいだなって（笑）。

定岡　しかも本人が着けているチェーンとか全部ゴールドなんだよな（笑）。

槙原　そうそう、あるとき西本さんが指をケガしてきたから、「どうしたんですか？」って聞いたら、ガルウィングの（上に開閉する）ドアに挟まれたって言ってたことがあった（笑）。僕は西本さんの話は結構ありますよ！

定岡　大丈夫か、怒られても知らんぞ（笑）。

バシッと決めるマキさん。エンジンブレーキはすでに覚えた？

続きは『週刊ベースボール』で！

定岡正二

再び定岡正二です！　皆さん、『昭和ドロップ！』書籍版はいかがでしたか。楽しんでいただけましたでしょうか。

読んでいただいて分かったと思いますが、僕ら4人は見事なくらいキャラが違います。

篠塚は寡黙な男です。今はずいぶん話すようになりましたが、現役時代は、とにかくしゃべらない。あれだけヒットを打ちまくっているのに、言葉はポツン、ポツンとしか出てこない男でした。

ただ、洞察力がすごくあり、優しくて、何よりマメです。ゴルフをするときは、1カ月、2カ月前から計画を立ててくれ、「何時にここへ来てください」と、僕らに細かい指示をしてくれます。川口も交え、3人でゴルフをすることが多いのですが、僕と川口は少し適当……いや、感覚派なので、すごく助かっています。3人の中では一番長い付き合いですが、ケンカしたことは一度もない。正反対の性格だから合うのかもしれないですね。

川口はただ一人のサウスポーですし、ジャイアンツしか知らないほかの3人と違い、カープを知っているので、僕らにはない視点があります。あと社会人を経験しているからでしょうか、フットワークが軽いんですよ。調子に乗ってスチールアウトになるときも多いのですが（笑）、投手OBながら『昭和ドロップ！』の盗塁王と言っていいでしょう！

最年少の槙原は、彼が巨人に入団してから僕が引退するまで、兄弟みたいにずっと一緒にいたかわいい後輩です。引退してから少し太ったんで、見た目はぼうっとしてますが、考え方は器用でスマートな生き方をしている男です。頭もすごくシャープですよ。性格は温厚で、僕は彼が怒ったところを見たことがありません。

僕はどうでしょう。どう思いますか？　自分では分からないんで言ってください。えっ、独特の言葉力がある？　言葉力か、いいですね。ありがとうございます！　時々、びっくりするくらいセンスのあることを言う？　それもうれしいな……。いやいや、時々じゃないでしょ！

ほかの3人は平成もプレーしていますが、僕の現役時代はすべて昭和です。別に昔がよかったと言いたいわけではありません。今のほうがトレーニング理論、技術は進化しています。ピッチャーの球速、バッターの飛ばす力も間違いなくアップしていると思います。大谷翔平君（エンゼルス）を筆頭に素晴らしい選手がたくさんいます。

ただ、昭和のプロ野球には、ものすごい熱量がありました。泥臭いし、理不尽だし、合理性もないけど、とにかく熱かった。理由はたくさんあると思いますが、僕にとって大きかったのは、長嶋茂雄という太陽があったからです。

ミスターは僕の人生の中の特別な存在です。現役のときは、監督だったミスターの一挙手一投足を見逃さないように、目が充血するくらいじっと見ていました。厳しかっただけじゃないですよ。この人のために俺たちは命懸けで戦うんだ、結果を出して喜んでもらい、笑顔を見たいと思っていたからです。僕だけじゃない。篠塚も中畑清さんも江川卓選手、西本聖も、1期目を一緒に戦った選手は、きっと同じ思いのはずですし、槙原、川口と2期目の選手もそうだと思います。

不思議ですよね。親でもないし、身内でもない。神様というのも大げさだし、うまく表現はできないんですが、ずっとあこがれの存在、尊敬する存在であり、同時に一緒にいて、いろいろな刺激をいただける方でもあります。

ジャイアンツのユニフォームを着ていたときだけではありません。ゴルフをしているときもそうでしたが、いつも目を離すことができない。その姿や言葉から元気と勇気をもらいました。

今、体を悪くされ、リハビリをされていますが、直接、会うことができなくても、ミスターが一生懸命リハビリをやっているという話を聞くと、「俺も頑張らなきゃ！」と胸が熱くなります。力が湧いてきます。

僕らは、ミスターが太陽のように明るく輝いていたから向かう先を迷わなかった。ミスターにあこがれ、ミスターのために頑張ろうと思って、ただただ、必死にやっていました。

それがあのころのジャイアンツの熱量を上げ、たぶん、僕らより前の時代、ミスターが現役時代も含めてですが、相手チームの選手もまた、打倒ミスター、打倒ジャイアンツに燃えたんじゃないでしょうか。それに魅かれたファンも熱かったですよ！　当時の巨人戦は地上波で平均視聴率20パーセント以上でしたからね。

僕がジャイアンツしか知らないからかもしれませんが、「野球は教えられても、ジャイアンツを教えるのは簡単ではない」と思っています。12球団でもっとも長い歴史があり、優勝回数もまた圧倒的です。ただ、その歴史は単なる記録や記憶ではありません。常にジャイアンツの一員であるというプライドを持ちながら、全身全霊を懸け、戦ってきた選手たちが紡ぎ、築き上げたものです。偉そうな言い方になりますが、それが今、少し薄れているような気がします。

ジャイアンツの選手だけではなく、今の選手にお願いしたいことがあります。もっともっと熱量を上げてください。そうしたら、もっともっとファンの皆さんの熱量が上がり、野球界がもっともっと熱く盛り上がると思います。僕らはミスターという太陽が燦々（さんさん）と輝く中でしたが、その好循環を体感することができました。

いいきっかけがWBCの世界一です。今回のWBCはプロ野球の熱量をさらに大きなものにしてくれました。日本中が野球に目を向け、応援してくれました。今年は、それをペナントレースの追い風にして、野球をする子どもたちを増やしていく大きなチャンスだと思います。僕も外からですが、少しでも後押しする力になれたらと思います。

そうそう、僕が3年連続で東京ドームの開幕投手になったことをご存じですか。

実は現役時代は一度も開幕投手がないのに、東京ドームの『レジェンズシート』（巨人戦で、対戦チームのOB2人がレジェンズシートだけで聞ける解説をするサービス）で、3年連続開幕戦を担当することになったんですよ。解説席もグラウンドに近く、テレビやラジオとはまた違い、お客さんの熱をより近くで感じ、いつもとても楽しくやっています。

WEBでレジェンズシートのCMもやらせてもらっています。ご覧になった方は分かると思いますが、いつも僕のこの言葉で締めています。

「続きはレジェンズシートで」

この本のラストは加えて、

「続きは週刊ベースボールで」

としておきましょうか。

あれ！　本が出たからって連載が終わるわけじゃないですよね。まだまだ話し足りないことがたくさんありますからね！

（2023年3月。本人談）

Member History〔4人の軌跡〕

1956年　定岡正二、誕生

1957年　篠塚利夫（1992年途中から和典に）、誕生

1958年　長嶋茂雄、巨人入団

1959年　川口和久、誕生

1963年　槙原寛己、誕生

1974年　長嶋茂雄、引退

1975年　定岡、鹿児島実高からドラフト1位で巨人入り。前年引退の長嶋が監督就任も球団史上初の最下位に

1976年　篠塚、銚子商高からドラフト1位で巨人入り

1979年　伝説の伊東秋季キャンプ

1980年　長嶋監督退任

1981年　川口、デュプロからドラフト1位で広島入り（原辰徳の外れ1位）。巨人は藤田元司新監督の下、優勝、日本一。定岡は江川卓、西本聖とともに「先発三本柱」と呼ばれる

1982年　槙原、大府高からドラフト1位で巨人入り

1983年　槙原、新人王。藤田監督退任、1984年から王貞治監督

1984年　篠塚、首位打者

1985年　槙原、阪神戦でバックスクリーン3連発浴びる。定岡、引退

1987年　篠塚、2度目の首位打者

1988年　王監督が退任し、1989年から藤田監督2期目でいきなり日本一。槙原は斎藤雅樹、桑田真澄とともに「新先発三本柱」と呼ばれる

1992年　藤田監督が退任し、1993年から長嶋監督2期目スタート

1994年　槙原、完全試合達成、日本シリーズMVP。篠塚、引退

1995年　巨人キラーと呼ばれていた川口が、FA制度を使い巨人入り

1996年　川口、メークドラマと言われたリーグ優勝決定試合の胴上げ投手に

1998年　川口、引退

2001年　槙原、引退。長嶋監督勇退

2020年　『昭和ドロップ！』発足（初期メンバーは定岡、篠塚、川口。のち槙原合流。川口は広島版『昭和ドロップ！』メンバーにも）

2023年　『昭和ドロップ！』書籍版発売。空前の大ヒットとなる（希望です）

オヤGたちの爆笑深掘りTALK!

昭和ドロップ!

あのころのプロ野球はなぜあんなにも熱かったのだろう。

2023年4月30日　第1版第1刷発行

著者　定岡正二、篠塚和典、川口和久、槙原寛己

発行人　池田哲雄

発行所　株式会社ベースボール・マガジン社
〒103-8482
東京都中央区日本橋浜町2-61-9　TIE浜町ビル
電話　03-5643-3930（販売部）
03-5643-3885（出版部）
振替口座　00180-6-46620
https://www.bbm-japan.com/

印刷・製本　共同印刷株式会社

Printed in Japan
ISBN978-4-583-11573-3　C0075

デザイン＝浅原拓也
校閲＝中野聖己
写真＝ BBM
構成＝井口英規

SPECIAL THANKS
都内のとある和食屋さん